难忘厦大

朱崇实　主编

厦门大学出版社
XIAMEN UNIVERSITY PRESS
国家一级出版社
全国百佳图书出版单位

图书在版编目(CIP)数据

难忘厦大/朱崇实主编.—厦门:厦门大学出版社,2021.11
ISBN 978-7-5615-8374-6

Ⅰ.①难… Ⅱ.①朱… Ⅲ.①厦门大学—校友—文集 Ⅳ.①G649.285.71-53

中国版本图书馆 CIP 数据核字(2021)第 169191 号

出 版 人 郑文礼
责任编辑 冀 钦 廖婉瑜
封面设计 蔡炜荣
技术编辑 朱 楷

出版发行 厦门大学出版社
社 址 厦门市软件园二期望海路 39 号
邮政编码 361008
总 机 0592-2181111 0592-2181406(传真)
营销中心 0592-2184458 0592-2181365
网 址 http://www.xmupress.com
邮 箱 xmup@xmupress.com
印 刷 厦门市竞成印刷有限公司

开本 720 mm×1 000 mm 1/16
印张 16
插页 2
字数 207 千字
版次 2021 年 11 月第 1 版
印次 2021 年 11 月第 1 次印刷
定价 80.00 元

厦门大学出版社
微博二维码

总　序

厦门大学　党委书记　张　彦
　　　　　　校　　长　张　荣

2021年4月6日，厦门大学百年华诞。百载风雨，十秩辉煌，这是厦门大学发展的里程碑，继往开来的新起点。全校师生员工和海内外校友满怀深情地期盼这一荣耀时刻的到来。

为迎接百年校庆，学校在三年前就启动了“百年校庆系列出版工程”的筹备工作，专门成立“厦门大学百年校庆系列出版物编委会”，加强领导，统一部署。各院系、部门通力合作，众多专家学者和相关单位的工作人员全身心地参与到这项工作之中。同志们满怀高度的责任感和紧迫感，以“提升质量，确保进度，打造精品”为目标，争分夺秒，全力以赴，使这项出版工程得以快速顺利地进行。在这个重要的历史时刻，总结厦大百年奋斗历史，阐扬百年厦大“四种精神”，抒写厦大为伟大祖国所做出的突出贡献，激发厦大人的自豪感和使命感，无疑是献给百岁厦大最好的生日礼物。

“百年校庆系列出版工程”包括组织编撰百年校史、百年组织机构史、百年院系史、百年精神文化、百年学术论著选刊、校史资料与学生名录……有多个系列近150种图书将与广大读者见面。从图书规模、涉及领域、参编人员等角度看，此项出版工程极为浩大。这些出版物的问世，将为学校留下大量珍贵的历史资料，为学校深入开展校史教育提供丰富生动的素材，也将为弘扬厦门大学“自强不息，止于至善”校训精神注入时代的新鲜血液，帮助人们透过“中国最美大学校园”

的山海空间和历史回响，更加清晰地理解厦门大学在中国发展进程中发挥的独特作用、扮演的重要角色，领略“南方之强”的文化与精神魅力。

百年校庆系列出版物将多方呈现百年厦大的精彩历史画卷。这些凝聚全校师生员工心血的出版物，让我们感受到厦大人弦歌不辍的精神风貌。图文并茂的《厦门大学百年校史》，穿越历史长廊，带领我们聆听厦大不平凡百年岁月的历史足音。《为吾国放一异彩——厦门大学与伟大祖国》浓墨重彩地记述厦门大学与全国34个省级行政区以及福建省九市一区一县血浓于水的校地情缘，从中可以读出厦门大学在中华民族伟大复兴征程中留下的深深烙印。参与面最广的“厦门大学百年院系史系列”、《厦门大学百年组织机构史》，共有30多个学院和直属单位参与编写，通过对厦门大学各学院和组织机构发展脉络、演变轨迹的细致梳理，深入介绍厦门大学的党建工作、学科建设、人才培养、组织管理、社会服务等方面的发展历程，展示办学成就，彰显办学特色。《厦门大学校史资料选编（1992—2017）》和《南强之星——厦门大学学生名录（2010—2019）》，连同已经出版的同类史料，将较完整、翔实地展现学校发展轨迹，记录下每位厦大学子的荣耀。“厦门大学百年精神文化系列”涵盖人物传记和校园风采两大主题，其中《陈嘉庚传》在搜集大量史料的基础上，以时代精神和崭新视角，生动展现了校主陈嘉庚先生的丰功伟绩。此次推出《林文庆传》《萨本栋传》《汪德耀传》《王亚南传》四部厦门大学老校长传记，是对他们为厦大发展所做出的突出贡献的深切缅怀。厦大校友、红军会计制度创始人、中国共产党金融事业奠基人之一高捷成的传记《我的祖父高捷成》，则是首次全面地介绍这位为中国人民解放事业做出杰出贡献的烈士的事迹。新版《陈景润传》，把这位“最美奋斗者”、“感动中国人物”、令厦大人骄傲的杰出校友、世界著名数学家不平凡的人生再次展现在我们眼前。抒写校园风采的《厦门大学百年建筑》、《厦门大学餐饮百年》、《建南大舞台》、《芙蓉园里尽芳菲》、《我的厦大老师》（百年华诞纪念专辑）、《创新创业厦大人2》、

《志愿之光》、《让建南钟声传响大山深处》、《我的厦大范儿》以及潘维廉的《我在厦大三十年》等，都从不同的角度，引领我们去品读厦门大学的真正内涵，感受厦门大学浓郁的人文精神和科学精神。

此次出版的"厦门大学百年学术论著选刊"，由专家学者精选，重刊一批厦大已故著名学者在校工作期间完成的、具有重要价值的学术论著（包括讲义、未刊印的论著稿本等），目的在于反映和宣传厦门大学百年来的学术成就和贡献，挖掘百年来厦门大学丰厚的历史积淀和传统资源，展示厦门大学的学术底蕴，重建"厦大学派"，为学校"双一流"建设提供学术传统的支撑。学校将把这项工作列入长期规划，在百年校庆时出版第一辑共40种，今后还将陆续出版。

"自强！自强！学海何洋洋！"100年前，陈嘉庚先生于民族危难之际，抱着"教育为立国之本，兴学乃国民天职"的信念，创办了厦门大学这所中国历史上第一所由华侨独资建设的大学。100年来，厦大人秉承"研究高深学术，养成专门人才，阐扬世界文化"的办学宗旨，在实现中华民族伟大复兴的征程上书写自己的精彩篇章。我们相信，当百年校庆的欢庆浪潮归于平静时，这些出版物将会是一串串熠熠生辉的耀眼珍珠，成为记录厦门大学百年奋斗之旅的永恒坐标，成为流淌在人们心中的美好记忆，并将不断激励我们不忘初心继承传统，牢记使命乘风破浪，向着中国特色世界一流大学目标奋勇前行！

张彦　张荣

2020年12月

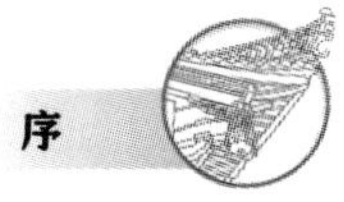

序

朱崇实

百年校庆,百年一回。任何一个人,一生只可能参加一次母校百年校庆。所以,每一个厦大人无不期盼着百年校庆的到来。愈是临近校庆,校友们对母校的思念之情就愈浓烈。这一思念之情的浓烈表现之一既是校友们只要一聚在一起,谈论最多的就是回忆当年在母校的时光,叙说当年在母校的故事。这一个又一个的故事如此地吸引人,不论发生年代的远或近,也不论故事题材的新与旧——有些故事,讲述人已经说过多遍,听者还是觉得津津有味。因为这些故事能带着他们回到那令人无比怀念的厦大年代。许多人都觉得这些故事值得保留,如果能记录下来结集出版最好。

作为庆祝母校百年诞辰的一项内容,学校决定出版一套厦大百年校庆丛书,以展示和纪念厦门大学走过的100年。丛书涵盖厦大百年的方方面面,力求全方位地展现厦大百年的办学历程,内容十分丰富。鉴于此,厦大校友总会秘书处向学校提议面向校友征集他们在校期间最难忘的一个故事,汇编成册,作为百年校庆丛书之一公开出版。这是展现厦大风貌的一个很好的角度。校友总会秘书处的提议得到学校领导的认可和支持,于是校友总会秘书处向全球校友公开征集故事。故事征集得到校友们的热烈响应,在不长的时间里,众多的校友寄来了他们的应征稿。校友总会秘书处在接受校友投稿的同时,还积极地征求一

些老校友的意见，组织学生志愿者上门帮助记录口述故事。经过一年多的紧张工作，秘书处组织的编委会从征集到的数百篇文稿中，精心挑选了70篇文稿，定名《难忘厦大》，作为厦大百年校庆丛书之一出版。

精选的70篇文稿，是校友们从各个方面、不同角度回忆了自己在厦大最难忘的一件事或一段事。这些故事有的是重在叙事，有的是重在写人；有的是回忆具体的一个事件，有的是讲述难忘的一段年代；有的是发自内心的由衷赞美，也有的是触及灵魂的反思。很多校友都认为在厦大的时光是自己一生中最快乐、最无忧无虑的一段时光，也有校友认为在厦大的时光并不都是阳光明媚，有时也有台风肆虐、乌云翻滚。有位校友在自己的故事里写到，很多同学可能觉得在厦大的时光是最幸福的时光，在厦大的岁月是最无忧无虑的岁月，但是他的经历是既有喜悦也有忧愁，并不都是无忧无虑。看到这里，我心中顿时产生一个感觉，即《难忘厦大》最可贵之处就在于校友们都是把自己脑海中客观、真实的厦大给记录下来。确实，厦大是一个小社会，是社会则象牙塔亦有真伪美丑；厦大是一个大家庭，是家庭那伊甸园也有喜怒哀乐。所以，无论这些故事多么地迥异、多彩，叙事的主题、语言的风格多么地不同，但有一条是相同的，那就是对母校深深的爱。而且，在某种意义上，相较于发自内心的赞美，触及灵魂的反思可能会更难。因为后者所表达的爱会更加深沉，更加需要感悟，有时裹在反思之中的爱不是轻易就可以让人所理解的。

所以，我认为精选的70篇故事，每一篇都是一颗珍珠。《难忘厦大》，有故事，有思想；有抒情，有反思；有赞美，更有期待。每一位作者都把自己对母校的一片深情糅入那一个个的故事之中，同时字里行间也无处不

体现出他们对母校的无限期望：为母校走过了风雨如磐、砥砺前行、光辉灿烂的100年感到无比自豪，同时也期望母校在新的100年能始终保持自己的优良传统和伟大精神，始终牢记校主陈嘉庚立下的“自强不息，止于至善”之校训，不忘“研究高深学问，养成专门人才，阐扬世界文化”的办学宗旨，按照习近平总书记致厦门大学建校百年贺信的要求，与时俱进建设世界一流大学，为全面建设社会主义现代化国家、实现中华民族伟大复兴的中国梦作出新的更大的贡献！

厦大是有故事的大学，厦大校友都是有故事的校友。很遗憾，由于篇幅所限，有很多校友的故事都无法收入这本书中。我期望今后能有《难忘厦大》续集，从而能把更多的厦大故事以这样的方式一年又一年地传下去。最后，我要向支持这本书出版的校友们、为本书编辑出版付出辛勤劳动的同志们致以由衷的感谢！

谨为序！

2021年7月21日于厦大

（序作者为厦门大学原校长，校友总会理事长。）

目 录

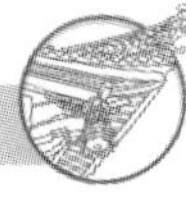

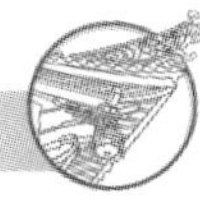

永不忘怀的岁月

——回忆老厦大

厦门大学1946级数学系、1950届电机系　陈溶年

我是1946年秋考入厦大数学系，那时正是抗战胜利后，厦大从长汀迁回厦门。1950年，我毕业于电机系，是新中国第一届毕业生，被分配到东北工作。母校给我留下美好的，紧张的，艰辛的，激情的，永不忘怀的记忆。

一、新生院在鼓浪屿

厦大在长汀时期发展壮大，已有18个系，厦门原有校舍被日本轰炸破坏，校舍不够用，一年级新生院设在鼓浪屿，办公室在田尾原日本领事馆，教室在原慈勤女中，宿舍在原博爱医院，按报到先后编排住宿，同室有广东陈慰慈、浙江曹潜龙、江西岳允斌。文学院院长周辨明教授兼新生院长，住在鼓浪屿八卦楼。

一年级国文英文基础课，不分文法商理工，400名学生统一编班，统一教材，A班是入学考试英文成绩较好的，由外文系主任李庆云亲自用英文讲课，国文老师是黄典诚。我是B班，英文老师林玉霖（林语堂之兄），用普通话讲，很幽默，国文老师是郑朝宗，各班都是好老师，每天从厦门岛坐轮渡来鼓浪屿授课。理工学院的数学、物理课也统一编班，教材采用萨本栋的《实用微积分》。开学不久，来了几位台湾学生，其中谢传祖是客家人，我和陈慰慈也是客家人，分配我们同室。1947年“二·二八事件”后，谢传祖都不想回去了。临行前，他送我一盒日本出

品铜质成套制图仪器作纪念。

新生院没有礼堂，开学典礼，以及从美国回来的化学系主任卢嘉锡教授关于在美国参加原子弹研究的演讲，都是在慈勤中学院子里举行的。

二、电机系的紧张岁月

翌年秋，我们二年级搬到校本部。我要求转电机系，数理系主任陈世昌见我微积分成绩和入学考试排名后，劝我不要转，我找院长黄苍林，他同意签字了。机电工程系是萨本栋校长1940年创建的，他本人在年轻留美时，就是理学博士、电机工程师，建系后，亲自编写微积分、电机学教材，还亲自讲课，已毕业三届。1947年机电工程系分为机械工程、电机两系，电机系主任是寿俊良，他讲的课是电厂设备和输配电。电机系学分多，功课紧，有习题、实验、设计，占时间多，每年都有同学累咯血的。黄苍林院长讲的电工原理课是第一难关，他很严，这门不及格，其他电工课都不能选。当时二年级30多人，三年级只剩16人，四年级只有8人，1950年毕业时，连同1949级留下的5人，共13人，其中电力专业5人、电讯专业8人。

当时电机系没有现成教材课本，不像土木工程系、机械工程系有中文书，上课都是老师自编讲义，每门开课，老师在黑板上写英文书名，大部分是美国大学教材和参考书，叫学生到图书馆借阅。当时上海龙门书局有影印本，可以邮购，我现在还留一本继电保护的书*Silent Sentinels*（《无声哨兵》）作纪念。老师讲课，中英参半，技术名词都用英文，直流电机说D. C. Machine，交流电路说A. C. circuit，还有sine wave，relay，over load。我们记笔记和考试答卷，都是中英混合，实验报告用英文写。

我最难忘的有两位恩师，当时讲课讲得好，对我们后来工作最有用。一是简柏敦教授，他是扬州人，上海交大毕业后留英，曾在英国电机

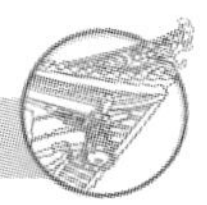

制造厂工作。他口齿清晰，讲课有条理、扼要、重点突出。他教的课最多，即“直流电机”（上、下）、“交流电机”（一、二、三），每学期都有他的课。他教电机设计，学期初，每人选定容量电压等，他按步骤讲，学生跟着做，学期结束，一台台变压器、电动机也就设计完成了。他对同学很和善，四年级时我是系学生会主席，到他家，他留我吃饭，我不好意思，他说解放了，师生是一家，今天发薪，菜较多。我留下了，是西餐，他夫人是英国人。还有一位老师是张稼益，广东人，他是机械系教授，他教热工学、锅炉、蒸汽机、汽轮机、内燃机。当时电力专业有许多热动课，他有理论又有实践，讲课很详细认真，对学生很宽松，不要求做习题，这也符合我们学电力的实际，因为太忙了。

当时学校靠海边新建了工学馆，千方百计充实教学设备，供我们做各种电工、热工、机械实验。学校还给我们安排工厂实习，包括铸工、钳工、热机等，这在当时困难情况下很是难得。

据入学考试成绩，我享受全公费，但还是拮据。经化学系李法西教授介绍，为其兄李法栋的亲戚、菲律宾归侨当家庭教师，我教数理，余长庚教英文，周末假日我们一同去讲课，增加收入，补助生活。

三、学生运动育心丹

在厦大四年中，最大收获是思想进步，受学生运动教育，对当时国家前途逐步认识。1947年初反美暴行游行，知道政府无能，受美帝欺凌。1947年5月反饥饿反内战游行，知道政府腐败反动，地下党组织两个歌咏队，理工叫啄木鸟，文法商叫海鹰。学习进步书籍，传播解放区消息，知道共产党将在全国胜利，新中国就要出现，激情奋起。1949年5月，我离校到闽西游击区，在中共永定东北工作团主任吴新同志领导下，任宣传员，做农民协会工作，准备迎接解放大军南下。

四、迎接新厦大诞生

1949年10月新中国成立后不久，厦门解放，我们响应号召，回校读最后一年。此时新厦大诞生，迎来了军代表吴强、肖枫，以及新任校长王亚南。十兵团副司令员黄火星，市长梁灵光先后来作报告。为解放前夕牺牲的烈士修省、应家骥同志开追悼会，开始学新民主主义论、社会发展史、辩证唯物主义。1950年2月，我们工学院三、四年级同学参加支前，到人民解放军十兵团崇山部队机训大队，教解放军战士开机器帆船。5月我回校学习，7月中旬又到禾山修建高崎飞机场。8月中接全国统一分配令，我没有回家告别亲人，即离校北上，到沈阳报到，参加东北工业基地建设，从四季常青的南国海滨，来到半年冬天的塞北，经历冰天雪地的考验，奉献一生。

（本文节选自厦门大学校友总会网站“群贤文苑”栏目。）

我请校主来学生宿舍做客

厦门大学1948级银行系　周天眷（口述）

1958年入职厦门大学　陈永清（整理）

1949年陈嘉庚先生应毛泽东主席电邀回国参加新政协会议和开国大典。新中国成立，百废待兴，先生虽已年逾古稀，仍不辞劳苦到祖国各地视察，致力于社会主义建设事业。

1949年12月的一天，校主陈嘉庚回到集美，又马不停蹄地赶赴厦门大学视察，为厦门大学的建设与发展建言献策。那天，和煦的阳光照耀着厦门大学校园，窗外暖意洋洋，我正从学生宿舍走出不远，一眼看到卢嘉锡教授陪着校主陈嘉庚边散步边视察，向我迎面而来。我顿生请陈校主到我的宿舍走走的念头，于是，我阔步走上前，用闽南话恭敬地对校主说："陈校主，请您到我的宿舍去坐一坐，看一看，好吗？"

陈校主微笑着问："你的宿舍在哪儿？"

"就在这儿。"我边指边说。

"好啊，"校主转身对卢教授说，卢教授点头示意，"就到学生宿舍走一走，看一看吧。"我喜出望外，快步走在前头引路。

我住的宿舍是平房，面积不到16平方米。门靠右开，对面是窗户。门边两侧各放一架两层的双人床，打横放着一张单人床。宿舍里还摆放了五只椅子、三张课桌，宿舍中间靠上系着一条绳子，上面挂着毛巾、袜子、背心和短裤等。床前的空间只要有一个人坐着，就连过路都挨着肩。所以，陈校主一进门，不免感到拥挤。于是，他问我："你们（一间宿舍）住几位同学？"我说："住五人。"陈校主转身接着问卢教授："（当时）

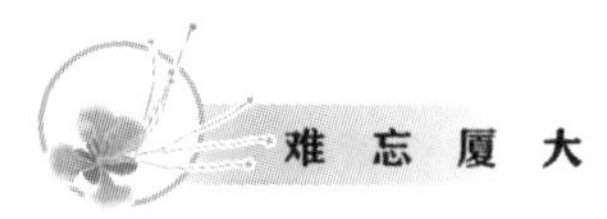

你在厦门大学念书时同一宿舍住几位？”“住两人。”“住两人，那还马马虎虎，住五人，太拥挤了！”接着，校主又问卢教授：“当时你们的日常用品如毛巾，是怎样的？”卢教授说：“当时我们用的毛巾和万里鞋，都是校主您统一免费供给的。”“（那）现在你们呢？”陈校主回头问我。“自己买的。”我回答道。

“这就难怪不够统一了，再加上宿舍人多拥挤，视线不好，显得很不雅观！”校主不由说道。他不仅从生活上嘘寒问暖，而且从学业上鼓励我们努力奋进，早日成才。在厦门大学视察期间，校主对一些不重视环境卫生，不重视厕所等设施的弊端，提出了批评；对于组织人们列队欢迎他的行为，他也觉得不合适，认为那是浪费劳力，浪费时间。

陈校主说：“为了避免这种不必要的迎接形式，我这次悄悄地搭船改由水路来厦门，本以为这样可以瞒过人们的耳目。哪知道当我一上厦门码头，人们早已列队在那儿等待。这种欢迎场面，真是我所不愿意看到的。还有，党和政府为了保障我的安全，特地派了一个班的战士保护我，跟着我，连我要上厕所也不例外，真让我为难，不自在。今天我摆脱了不必要的迎送，来到这里，多么自由、轻松愉快啊，你们说是不是？”听到他的这番话，大家都笑了。

我接着说：“要是校主您前后左右有几个全副武装的解放军战士保护着，面对那样威武庄严的场面，我也不敢请您到我这儿来了。”说得陈校主和卢教授都微笑起来。

张爱玲说：“于千万人之中遇见你所要遇见的人，于千万年之中，时间的无涯的荒野里，没有早一步，也没有晚一步，刚巧赶上了。”

是啊！人生中的这一次幸福际遇，让我赶上了，我的运气真好。虽然时光流淌，但在我的脑海中永远铭刻下了这一美好记忆。

陈校主平易近人、和蔼可亲，无微不至地关怀我们。他艰苦创业，不讲排场，要求任何时候接待从简，注重校园公共卫生建设。我们不像

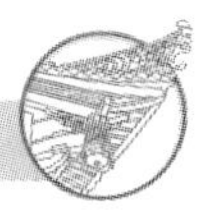

是第一次会面，倒像是老相识、至亲至爱，我们无拘无束、有说有笑、自由自在地谈着谈着……

陈校主年逾古稀还如此关心祖国和家乡建设，为厦门大学的发展倾注心血，着实令我们敬佩，是我们学习的榜样！

平易近人的王校长

——回忆王亚南老校长

厦门大学1949级化学系　肖漳龄

由于厦门是1949年10月才解放的，所以，直到1950年元旦，我才以化学系学生的身份进了厦门大学。

作为大学新生的我，当时根本没去注意学校有没有校长！

过了一段时间，听高年级的同学们说，我们的新校长快要来了！他原本是经济系的教授，临解放时离开了，后来人在北京。他是中国经济学界的权威之一，翻译了《资本论》，素有“北马南王”（即北方有马寅初，南方有王亚南）之称。听了这些话，我十分振奋，心想有这么一位学术界顶尖人物当校长，作为学生，脸上当然是很光彩的。

不久有位首长来校作报告，卢嘉锡老师听了，感到很不够深刻，便说：“这些问题只有等他（他就是王校长）来了，才能讲得透彻！”于是我心里就盼着王校长快点上任。

那是1950年6月份，王校长来了，我终于能听到王校长的报告了。

王校长略为方圆的脸，戴着黑框眼镜，略带湖北口音，声音洪亮，神采奕奕，对问题的分析深入浅出，层层剖析，让人心中疑云顿时被拨开。

王校长办学有理念，工作有魄力，雷厉风行。

写到这里，你可能会以为王校长是个很严厉、令人望而生畏、难以接近的人。要是你真是这么想的，那就大错特错了。

不，王校长可是一位亲切，极为平易近人的校长呀！

每天繁忙工作后，王校长经常于黄昏时段到校园内散步，这里看

看，那里瞧瞧。他心系着全校师生员工的工作、学习和生活情况，你若遇上他，他会和蔼地跟你打招呼、聊聊天。

有一回，晚饭后，我在校园内闲逛遇到了王校长。我对王校长是十分敬畏的，故当时我打算避开，但一看四周空空荡荡，无处可躲，只好硬壮着胆子，迎头走去，喊了声："王校长！"不料，几乎是同时，我听到王校长亲切地叫了声"肖先生"。我惊住了，我只是刚从化学系毕业出来没几个月的小辈，他竟能知道我的姓！再说，他是校长，在他任内，所有从学校毕业出来的人，应该都是他的学生呀！他竟然可以直接叫出我的名字呀，而且那么客气地称呼"先生"。瞬间，我心中的畏惧和拘束都消除了，开始轻松地跟他聊天。

我想王校长不单对我这样，他一定是对下属都很尊重。正是由于他的平易近人，所以，他能深入了解全校的情况和大家的思想动态。

1953年，卢嘉锡老师被委任为副教务长。一次在全校教师会上，王校长在作报告时，笑着说："卢先生去担任副教务长，很多人都为他可惜，他也为自己可惜呢！"我大吃一惊，的确如此呀！王校长如此深刻了解大家的看法，连我这小喽啰都认为卢老师是国内化学界的著名教授，科研、教学能力是顶尖的，从事自然科学的人才要分摊时间去搞行政工作，未免可惜。不过，接着王校长就据理精辟分析说明，我听了，恍然大悟。是的，当时解放才不过三年，国家一穷二白，百废待兴，急需建设人才，像我们这一届，就是因为国家需要，提前毕业的。虽然已经有了一位文科的教授担任教务处长，但有关工科、理科方面的发展，系、科、专业的设置，以及合格人才的培养等，也要有全面长远的规划，学校确实需要有位理科或工科的教授来领导，担任这个重任，而这并不是一般的人所能够胜任的。

王校长平易近人，深入群众的事例不胜枚举，我就再讲一个让我切身感受到的事吧。

那是我结婚的夜晚，当时多数人的婚礼都很简单，没有摆宴请客，而只是把自己的宿舍稍微布置一下，买些较好的糖果，堆放在桌子上，再向学校多借几张椅子、凳子排放在房间里，给前来祝贺的宾客坐。前来祝贺的人多数是双方的同事，来时，不必带什么礼物，记得当时只有蔡启瑞带了一本专业的书送我。祝贺的人是陆陆续续来的，有人来了，先前来的人便起身让位，也顺便告辞离开。婚礼进行将近一半，来宾们边吃喜糖，边说边笑边聊天时，王校长突然出现在了门口，他也来了！我心里有说不出来的感激，赶忙上前迎接。大家也纷纷让位，待王校长坐定后，他便亲切地跟大家聊天。不知是谁出了个主意，要新娘子唱首歌，天呀！我哪会唱歌？我只好百般推诿，就是不肯唱。这时王校长开口了，笑着对我说："你不唱，我们就要走了！"说罢，装着起身要走的样子，我心想，王校长百忙中抽空来，实是难得，我也不能再执拗了。于是，我拉开了破嗓子，唱了几句跑了调子的歌，逗得大家拍手大笑，王校长也是哈哈大笑！

我婚后只有七八个月，"文化大革命"就开始了，学校无法正常运转，每个人也各自为自己的问题忙碌着。王校长家也从位于大南新村的校长楼搬出来，当然，王校长也没有在校园内散步了。

过了一两年，我听说王校长身体不太好。有一次，我远远看到王校长在他儿子陪伴下在校门口处，面对南普陀寺的那条大道往西村方向走去，没想到那竟是最后一次看到王校长的身影了！

1969年11月中旬，王校长不幸仙逝。11月23日，学校办了一个告别会。记得告别式是在校内唯一的室内体育馆里举办的。我去了，只见室内悬挂着王校长的大幅遗像，去的人都主动地向遗像鞠躬。

我凝视着王校长的遗像，心中非常悲痛。

王校长仙逝了，迄今已有50多年了，我也从一名30多岁的高校女教师变成了90岁的老太婆了，但王校长的形象仍然不时地浮现于我的脑际。

平易近人的王校长，永垂不朽！

千里奔鹭岛

厦门大学1950级航空工程系　朱　蒸

1950年8月10日，上海《文汇报》刊登华东、华北区公立高等学校统一招生笔试录取名单。厦门大学一栏中共录取121人，其中有4个人的名字是：化学系侯天铎、文史学系王慧芳、会计工商管理系李凤凤、航空工程系朱蒸。如今4人皆已入耄耋之年，都居住在上海，每年的上海厦大校友聚会，也都有我们的身影。相聚时，大家共同回忆起当年难忘的求学路。

当年我们从上海去厦门，是先乘火车到江西上饶，换乘有棚卡车；经300多公里的山间公路翻过武夷山至南平，换乘船沿闽江到福州；再乘汽车到集美渡海到厦门，总行程1500多公里，历时12天左右。从到达厦大后拍的集体照中看，我们总共是38人。带队的是高年级同学胡元甫与龚公歧，同行的还有航空工程系的王黄，以及两位回国的年轻教授。

从上饶到南平的卡车上有雨布棚，但布满点点繁星小洞，外面下大雨，里面下小雨。当年的路都是土石路，路况极差，坡陡路窄，又是盘山路，车速很慢。途中就遇到数辆卡车翻在路边，或翻出山路，旁边还有死者躺在那里。这还不算，还经常有土匪出没抢劫，所幸我们未遇上。中途还曾寄宿在农民家中。也曾遇到公路桥被水冲断，等修好桥再上路的情况。车行走在武夷山区，在江西与福建交界处的岩石上，看到刻有“分水岭”三个大字。翻过武夷山后，无意间回头望去，山口岩石上刻有两个大字“暂停”，疑是要司机停车休息，以保持精力准备翻武夷山。从上饶到南平的300多公里路程走了3天。

到了南平就是闽江边了，我们改乘船沿江而下。此处的轮船与我们印象中的轮船大相径庭，它是一叶扁舟，上面盖了一间民房，有普通农居的人字形屋顶，外观看上去就像水面上飘着一间民舍。到达福州，我们在旅馆里住一晚，得以去澡堂洗个澡。当年街头小食摊上卖的鱼丸，一角一碗，又便宜又好吃，令人印象深刻。

休息一天后，我们乘汽车出发，沿途在莆田、泉州各住一晚。莆田是出桂圆的地方，但当时桂圆（当地叫龙眼）没吃到，有一种类似桂圆的水果是吃到了，但叫不出名字，当然没有桂圆那么甜。

泉州古城，是中国古代海上丝绸之路的起点，当年它有一条像上海金陵东路那样的长街，是骑楼建筑，能遮阳避雨。更值得一提的，是著名跨海梁式大石桥——洛阳桥，又名万安桥。该桥乃北宋时建造，长1200米，宽5米，有46个桥墩，500个扶栏，9座石塔，7座石亭，28尊石狮，还有不少武士石像石雕。当然还有开元寺高耸的双塔，人们老远就能望到。

过泉州抵集美，因天色已晚，住一夜，次日渡海抵达厦大。从此，厦大海边沙滩上，又多了几位一边背诵英文单词一边拾海贝的年轻人。

王慧芳毕业后，到北大读了研究生，后在上海交大工作；李凤凤毕业后去了洛阳，在拖拉机厂工作，退休后也回到上海；侯天铎在抗美援朝时参军，去了福州军区，辗转江西、浙江，后转业上海；我在抗美援朝时参军去了大连，其间在中国人民大学读了两年的研究生，后来也回到上海。

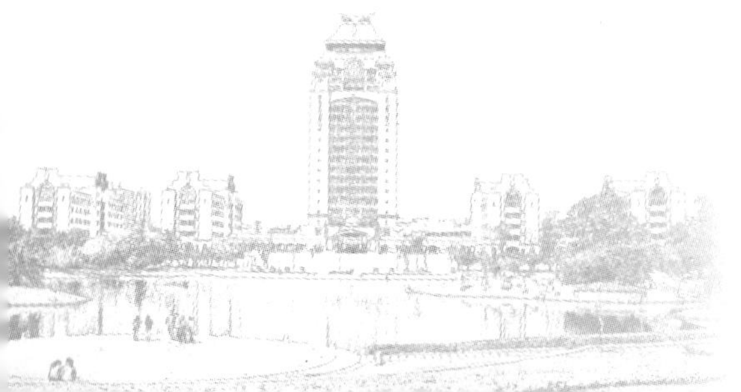

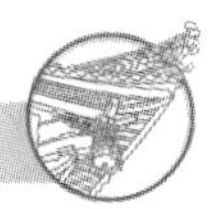

50年代的"反空袭斗争"

厦门大学1953级化学系　陈超贞

厦门地处海防前线，与金门、大担岛、二担岛只有一水之隔。1954年前后的"反空袭斗争"是20世纪50年代大学生活的特色。解放初期，海军力量薄弱，更没有空军，也就谈不上制空权，只能用炮轰。有一天，敌机在厦门扔下200多颗炸弹，有4颗落在厦大的水库、大操场和同安楼附近，2位职工、2位农民受伤，7头牛被炸死（当时校园内还有原住农民耕种的田地）。校党委成立了"防空指挥部"，由时任党委书记张玉麟担任总指挥，时任保卫科长刘峙峰同志担任副总指挥，马列教研室的吴宣恭老师担任秘书，指挥部设在一个山洞里。另以学生为主成立了"纠察大队"，大队部设在映雪楼，大队长是历史系的吴新民，我担任大队秘书。全校共有7个中队、300多个纠察队员，以各宿舍楼或系别组成1个中队，如芙蓉一设1个中队。丰庭一有女生中队，队长吴梅英是化学系的印尼归侨，还有工农速成中学中队，队长是工农兵学员刘昌新，还有教师中队，队长是马列室老师兼校办秘书的巫维衔老师。

为保护全校师生的安全，在教室以及宿舍楼周边的主要道路旁挖出一条条一人深的防空壕坑道，全校共有1万多米，另有10多个石头垒成的碉堡。其中一个就设在大南校门入口的正中央，每当敌机空袭时，厦门上空就会响起一阵阵尖锐的笛声，响彻云霄。正在上课的师生即刻疏散，离开教室，进入就近的坑道，室内不留人，路上不可行走。纠察队员戴上臂章站在坑道口维持秩序，直到警报解除。纠察队员晚上还要轮班巡逻，提防破坏活动。有时候清晨到傍晚警报频频响起，最多一天达到18次，很多同学带着书在坑道里坐地上看书。

后来，校领导决定将部分教室移到南普陀寺两侧的山洞里，山洞依地势加固改造，作为我们学习、考试的场所。洞外翠绿的树林成为防空的天然屏障，有著名的“厦大十八洞”。从五老峰到凌峰上下的洞穴刻上编号，至今在南普陀寺后山还可以见到“厦大第一洞”“厦大第二洞”等。就连期末考试也是在山洞口完成的。在洞口摆上1张桌子、2张椅子权当考场，而学生们按照安排的时间轮流上山考试。考试时学生以抽签的形式，抽出相应的试题，与老师面对面问答，老师则当场评分。口试进度慢，每门课要考两三天才结束。

20世纪50年代我们就在这样艰苦的“战斗”环境中努力学习，积极响应党的号召参加各项活动，我们非常珍惜这来之不易的既紧张又充实的大学生活。

美美的回忆

厦门大学1954级历史系　傅义阳

一、免费供应豆浆

1954年8月31日，我经长途跋涉后到美丽的厦门大学报到注册，住进了芙蓉二121宿舍。受到老校友热忱接待，心中充满感激。

第二天，我起个大早，准备迎接新学期开学第一课，顺便看看周围的美景。在宿舍一楼大厅，我发现门口放着五六个大木桶，看着比我还早起的学长们陆续拿着茶杯或饭碗盛着白色液体边走边喝。我好奇地问一位学长："这是什么？"答曰："豆浆。"又问了一句："要付费吗？"对方觉得好笑地说："钱付哪里？这是学校长年免费供应学生的早餐豆浆。"说完径直上楼。于是我回宿舍拿茶杯也去盛了一杯，边走边喝，觉得有点温度挺不错，但似乎少了点什么的感觉，淡了一些，想到应买瓶酱油增加口味。隔天一早三四点钟左右，我就听见大厅门口有放大木桶声音，估计是后勤部门食堂工作人员正辛苦地为学生宿舍送免费豆浆，真的感谢他们的辛勤劳动。当我杯里放着酱油第二次去盛豆浆时，撬开桶盖后一股热气直冲而来，慢慢暖了我的心。这次豆浆喝起来味道更好了。我的学生时代整整享受了四年免费豆浆，可见学校对学生们用心良苦，关怀入微。

事过境迁，至今60多年，回想起来，黄豆既便宜又含有大量蛋白质，是能保证营养的一种饮料，有助身体健康。真的要感谢校主嘉庚先生和王亚南校长，为青年学子想得周到。我想学校后勤服务免费豆浆的供应，恐怕是全国为数不多的创举。

二、免费享受顶级艺术的表演

1954年9月正值厦大新学年开学之初，在空袭和炮火中，厦门市、厦门大学被推向名副其实的最前线。一天拉几次警报，警报一响，我们就往校内的防空洞跑，防空洞（壕）有宽有狭，潮湿不好受，但必须坚持。在学校党委和校领导组织带领下，全校师生员工仍坚守各自工作岗位。该教学的还是教学，该学习的照旧学习，一切后勤保障工作照旧有序进行，显示出强有力的教育管理水平和能力。

全国各地大力声援英雄的厦门大学，并组织慰问团陆续来到厦门前线，厦大刚建成的建南大会堂就成为慰问团慰问最理想的场所。我有幸享受纷至沓来的国家级艺术团体的精湛演出。从最早的解放军总政文工团开始，到中国东方歌舞团，袁雪芬、范瑞娟率领的越剧团，再到评剧表演艺术家新凤霞、广东粤剧团的红线女，以及黄梅戏“天仙配”严凤英、王少舫…… 真的给厦大全体师生员工送上“空前绝后”免费享受顶级的艺术家精湛表演。记忆特深的是相声大师侯宝林的段子，说的是一个粗心外科医生开刀后缝上针，事后有把剪刀还留在病人体内，再次开刀。一不小心又将纱布团落在病人体内，准备继续第三次开刀。这时病人实在受不了，大声地说:“大夫，这次你就给我装个拉链，不用再开刀。”说得全场观众捧腹大笑。

我这辈子都不会忘记这批国内顶尖表演艺术家的精彩演出，美好的追忆是我最大的享受。

三、时过境迁的点滴记忆

三家村

古时候指偏僻小村落为三家村。宋朝陆游《村饮示邻曲》曰:“偶失万户侯，遂老三家村。”

现在的厦大学生活动中心，即20世纪50年代我在读书时期一直称之为“三家村”的地方。其实“三家村”是芙蓉二由北向南的马路与芙蓉一由西向东的马路相交路口北端的一块建筑。四周一个小围墙，进门是一块三四十平方米的天井，天井北有幢一层白色欧式坐北朝南住宅，住着三位教授。东首一套是叶国庆教授住着，他是厦门大学第一届毕业生，是位老厦大人，教授历史。我去过叶教授家，面积不大，只有五六十平方米。西头住着一位经济系教授，据说是国立中央大学毕业；中间一套就不知道是谁了。这是名副其实三家成一个村，叫“三家村”，现在一直还叫“三家村”。厦大学生活动中心就在“三家村”。回忆是一种浓淡不一的滋味，总有一点温馨的感觉。现在学生活动中心广场，依然是厦大人气挺旺之地。学校重大活动时“三家村”一直是最热闹场所之一。每每校庆我都会在“三家村”活动场所购买当日校庆的节日封，寄往各地要好朋友。节日封上落款地址还是写厦门大学“三家村”。

小卖部

芙蓉二北端楼梯下有一个小卖部，面积只有七八平方米，可日常生活用品、学习用品一应俱全，方便同学。有一次，我发现自己衬衫袖口掉了一粒纽扣，于是想到小卖部去看看，果然还真有白色小纽扣和针线，我花五分钱就解决了问题。暑假期间，小卖部还卖时鲜水果荔枝、龙眼，六分钱一斤，真便宜，几个同学一起买上五六斤，大吃一顿，一饱口福。小卖部一般在下课或放假时开门，同学们随到随买，不必排队。小小店没有门面的装修，没有招牌，仅有一人为同学服务。现在再也不能享受这小卖部的服务。除了芙蓉二小卖部，还有一个在芙蓉一东端楼梯下。

芙蓉餐厅

芙蓉餐厅坐落在芙蓉二北端出门往北十来米地方，餐厅面积毛估

不少于4000平方米，不包括厨房、厨库面积。当年我们就餐于此。就餐的有中文系、历史系、经济系、外文系的同学，一桌凑齐8人就可开膳，没有座椅，大家站着吃。每桌有4到6个菜，汤是任意盛的，米饭无定量，吃多少算多少，真是吃了个大锅饭。我们大概吃了一年全免费的伙食，1955年改为分食制，每人一份任意挑选盆菜，汤还是任意盛，米饭也是无定量，吃饱为止，每个月伙食费是12.5元。

每到周六晚饭后，餐厅就变成一个特大的舞池，餐桌集中放两侧，四脚长凳围成一圈，当响起慢四步广东音乐，舞池里满满都是一对对舞友，有男女也有同性成对，好不快乐。当慢四步广东音乐结束，响起探戈音乐便是快三步，这时全场肃静，没有人敢跳，实际上是跳不来，太难，场面冷清。不久从一边场地进来一位年长、头发花白的外文系教授（对不起忘了大名）带上夫人翩翩起舞，绕着舞池不停旋转起舞，太美了，几乎所有参与的同学都为老教授拍手称好，让人大开眼界，探戈结束，舞场又恢复平静，接着又回到慢四音乐……

20世纪50年代厦大周末舞会是最受同学们欢迎的活动。当时正值由校党委书记陆维特教授带头穿苏联花布衬衫，的确在生活上很活泼、开放、自由，舞池里大多数同学还是穿老旧衬衫，只有少数同学穿苏联花布衫，但是也足够让人耳目一新。

周末的到来和结束，给帮忙搬桌搬椅的同学累坏了，可他们没有怨言，勤勤恳恳劳作服务，让人敬佩。这批同学应该等同于现在的志愿者，可贺可赞。

工会理发室

位于芙蓉餐厅厨房南边紧挨着一排三四间平房内，有五六个座位的是厦大工会理发室，别看它小，服务操作可是规范的。记忆特深的是当理完发，用剃刀来修面容时，理发师傅（基本上是女性）会用药棉蘸点玻璃瓶里的酒精来擦一擦剃刀进行消毒。有一次同学约我去市区理发，

在中山路上的绿岛理发室一次消费4～5元，在工会理发室一次消费只需2.2角钱，自此我都在工会理发室理发，又便宜又实惠，还方便师生。现在我还保留当年（1957年）工会理发室一张粉红色理发券，美好回忆永记不忘。

（本文选自厦门大学校友总会网站“群贤文苑”栏目，收录时有删改。）

1954年“反空袭斗争”胜利后的文化大餐

厦门大学1954级经济系　谭一文

1954年秋冬，是我就读厦大的第一个学期，这是一个多事之秋，发生了许多不寻常的事，例如：激烈的“反空袭斗争”以及在此形势下采取的多种形式的教学方式，大旱水荒造成的生活不便等，这些都令人记忆犹新、不能忘怀。本文主要回顾1954年秋冬的“反空袭斗争”取得胜利后接踵而来的文化大餐。

1954年9月3日，驻厦门市人民解放军对国民党金门驻军发动了猛烈的炮击，史称“9·3”炮击金门事件。这是继《人民日报社》发表《一定要解放台湾》的社论之后，一次表明要武力解放台湾的重大行动。9月5日，国民党金门守军从美国获得了大量军援，以海空两条战线进行疯狂报复。我们学校首当其冲，是敌机轰炸、扫射的重要目标之一。敌机炸坏了我校小水库的一角，炸伤了工作人员一名。为此，学校开展了轰轰烈烈的“反空袭斗争”，包括有效的“反空袭斗争”措施，采取在防空洞前上课，早间和夜间上大课等形式，既保障了师生员工的生命安全，也完成了教学任务。全校师生团结一心、同仇敌忾，取得了“反空袭斗争”的胜利。厦大的“反空袭斗争”受到了全国各界，特别是兄弟院校的大力支持与声援。10月份后，在我人民空军强势打击下，敌军空袭逐渐减少，局势趋向缓和。

到了冬天，全国各大文艺团体纷纷来厦门慰问，解放军总政文工团，南京部队前线歌舞团，中国京剧院四团，新凤霞领衔的中国评剧院，袁雪芬、王文娟领衔的上海越剧院，严凤英领衔的安徽黄梅戏剧团和浙

江省昆苏剧团《十五贯》剧组等全国一流文艺团体相继带来了精彩的演出和慰问。各剧团的慰问都在我校建南大会堂进行。可容纳5000人的建南大会堂为慰问演出提供了绝佳场地，通常是前三天慰问厦门驻军，第四天为我校师生员工专场演出，也有剧团每天晚上安排一部分座位给我校师生员工观看。

虽然"反空袭斗争"期间我们的学习生活遇到了不少困难，但最终能享受这份文化大餐也算是"因祸得福"，在全国也是独一份的。一流团体及顶尖名角的演出给我留下了终生难忘的一段回忆，演出的精彩画面至今仍常在我的脑海中浮现。能遇到如此密集的高质量演出，我入校前从未想过（这之后也再没有遇到过）。顿时，我深切地体会到党和政府、全国人民对我们的关怀与厚爱，也坚定了我们坚守对敌斗争阵地和努力完成学业的决心。

在各剧团演出过程中，我校青年教师胡维宏多次在幕间演出了由他创作的快板《太平号军舰回老家》，这是他在听说我军击沉了敌舰"太平号"之后的即席创作，朗朗上口。他激情、风趣的演出风格受到了大家的热烈欢迎，这一节目成为我校次年暑假慰问解放军的保留节目。这首快板广为流传，我也有幸把它记了下来，几十年来，我经常默默背诵，一次次的背诵不断加深我对母校的感情，也一直鞭策我不忘母校的教导，勤勤恳恳做事，踏踏实实做人，努力为母校争光。

母校的记忆

厦门大学1955级化学系　郑恩铭

我于1959年毕业于厦门大学化学系。在母校读书的日子是一生中最值得怀念的一段时光，对母校的记忆仍深深地印在我的脑海中。

曲折上学路

我于1955年考入厦门大学化学系。在欣喜的同时，也得知路途艰难。今天习惯于通过高铁、高速公路经温州一天到达厦门的人们，是无法想象那时交通的艰辛。从台州往厦门因没有往南的公路，只能经江西入闽。

我从黄岩县城坐汽车到临海宿夜，第二天乘着以木炭为动力的汽车去杭州，进入杭州已是黄昏时分。然后，转乘火车去江西上饶，这是我第一次坐火车。幸运的是，在火车上巧遇一位厦大经济系的调干生，就此我跟上他，一路打听、寻路的紧张情绪一消而散。到上饶后，转乘汽车去福建南平，汽车沿着盘山公路艰难地攀升至山顶，一块巨石进入视线，"闽赣界"三字昭示我们已进入福建地界，心想厦门应该不远了。

南平去福州乘的是闽江的客轮，但见闽江江水清澈，两岸风景秀丽，让人心旷神怡，一路劳顿消减不少。船至福州已是傍晚，码头上许多等着运货接客的马车蜂拥而至。我们坐上一辆马车，伴随着一路铃声直奔车站。福建与台湾相近，不时会遭遇轰炸，所以当时的汽车一般选择晚上行驶，且极不准时。我们在福州住了一晚，次日晚上离开福州。

到达厦门时，已是旅程的第7天。

母校初印象

在厦门下车，有厦大新生接待站的老师和同学在接我们。提着简单的行李上了一辆漂亮的大客车，经厦门市区转入思明南路直奔厦大。

车在敬贤楼前停下，化学系同学陪同我来到芙蓉一，芙蓉楼因陈嘉庚女婿李光前先生祖籍南安芙蓉乡而得名，李光前先生长期竭力资助厦门大学，故厦门大学不少建筑的命名都与他有关。芙蓉楼建筑红砖绿瓦，绿色琉璃瓦在阳光下闪闪发光，整个建筑个性鲜明、风格独特，这个将生活4年的地方深深吸引了我。

安排好宿舍，漫步校园。出芙蓉一经芙蓉四、白城向西，视线无形中被弧形耸立在运动场看台上的五座建筑群吸引。站在操场中间，中轴上高耸的建筑是建南大会堂，蓝色屋顶飞檐翘角，形态清逸俏丽；门厅4根罗马柱高耸直立，无比庄严神圣。屋脊柔和起翘的曲线和门厅刚毅直耸的立柱，形成强烈对比，中西合璧、恢宏大气的建筑样式给我以从未有过的震撼。大楼的前面就是一望无际的大海和潮起潮落的沙滩。美丽的校园是我对母校的第一印象。时至今日，我到过不少大学，仍然认为母校厦大是最美丽的校园。

难忘顾先生

我进厦大听的第一堂课是顾学民先生讲无机化学，她在讲物质的概念时，从宏观到微观，从实物到场，并提醒我们英语中matter和substance概念的区别。听顾先生的课，感受到先生学识渊博，语言流畅简洁，极富启发性，加上她的音色优美，听起来很有味道，且易懂易记。这是我第一次感受到母校老师讲课的风采。

在母校读书4年，顾先生教我3门课:“无机化学”“稀有元素化学”“英文”。

英文课是在三年级时开设的。因为时代背景的关系，在中学时代不重视英文课教学，当时只是记忆单词、背背课文，发音极不准确，谈不上口语和听力，更没有系统的语法教学。进入大学后，前两年学的是俄语，使得本来基础就差的英文每况愈下。时任系副主任的顾先生对此情况看在眼里，心急如焚，因为学生不会阅读英文化学文献会严重影响毕业论文，于是决定开设英文班。后由学生自愿报名，经教务处组织测验，专为化学系学生开设了英文B班（无英文A班）。她带着对学生的深切期望和厚爱，亲自授课；在百忙中抽出时间为我们系统地讲授英语语法；先讲词法后讲句法，讲课速度很快，但讲得很详细，特别授课从句（时称子句）知识时，讲得更详细。学生们也非常努力，为了跟上进度，死啃硬背，勤学苦读。先生在传授语法的同时，还要求我们加强阅读。她给我们发放油印的阅读材料，让大家借助英汉词典进行阅读。记得最初时是科普文章，我们尚能勉强应付，接着是从英文化学期刊中节选的文章，里面有好多化学术语，在英汉小词典中查不到，我们就读不懂了。先生知道后，每次都在油印的读物后面逐一列出有关的化学词汇供我们对照，如cupric nitrate（硝酸铜）、sodium sulfate（硫酸钠）等。再之后，在英文读物中出现常用的化学缩写语无法查找，顾先生又很细心地印了一张常用化学缩写语发给我们作对照，如常见的p.p.m（parts per million），concn（concentration）等。

顾先生身兼多职，作为唯一的系副主任，行政工作非常繁忙，还要为学生讲授基础课，在百忙中抽出时间为我们开英文课，并根据学生的实际情况临时编写语法讲义，临时从英文化学期刊中节选阅读材料，真是历尽千辛万苦。通过英文B班的学习，为四年级陈国珍先生的化学文献课打下了基础，为毕业论文查阅英文资料提供了保障，为毕业后参加工作培养了外语能力。这些都得益于母校，得益

于顾先生。顾先生的这种敬业精神也是厦大精神之一，永远刻在我的心中。

意外的收获

四年级的第二学期开学了，我们开始做毕业论文。我的指导老师是欧阳培先生。

一天，她和我闲聊时问我："你会阅读日文的化学文献吗？"

我说："不会，是个文盲。"

她说："日文的化学文献也有相当的数量，最好学点基础的日文。有些日文期刊的文摘、表题和曲线坐标轴都是用英文表示的，日文中的有些字与中文相似，再加上有初步掌握的日文基础，至少可"猜"出百分之五十。"

于是我去图书馆借了一本最初浅的、入门性质的日文来学。最初学假名的写法和发音，发音是注有罗马字作参考的，平假名和片假名写起来是很讨厌的。时光易逝，不知不觉我的论文做完了，我也毕业了，但我的日文仍未入门，还是个文盲。但欧阳先生教我"猜"的方法却记在心里，这一方法使我在日后工作中真正得受益。

1975年年底，我回到家乡工作，在黄岩铅锌矿担任选矿技术员。当时在铅锌浮选工艺中，作为抑制剂的，在国内外均用剧毒品氰化钠，既污染水质也污染土壤。直到有一天，无意中翻阅我的中南矿冶学院同事寄来的往期日文期刊《鉱業通信》，用"猜"的方法阅读后，发现日本已用硫酸锌-亚硫酸钠作为抑制剂，当时真高兴得发呆，久久才平静下来。因刚开始投产的小矿山没有实验室，我就偷偷在生产流程中做了探索性试验，发现效果良好。于是我做了整体设计，决定在生产流程中做系统性试验。为加快试验进度，采用多因素试验，用0.618法分割试验区间，很顺利地获得了成功，从此在黄岩铅锌矿实现了无氰选矿。经半年的生产

考验，我将试验情况写成一篇论文，发表于1978年第4期的《有色金属(选冶部分)》中。这完全是得益于母校，得益于欧阳培先生。感谢母校的培养，感谢欧阳先生的教导。

对于母校的记忆永远印在脑中，刻在心中。

（本文选自厦门大学校友总会网站“群贤文苑”栏目，收录时有删改。）

难忘在厦大读书的岁月

厦门大学1955级历史系　周添成

上过学的人怀念自己的学生时代，总是喜欢用“无忧无虑”来形容。然而，就我而言，在厦大读书的那些年，既有喜也有忧，正因为如此，才显得多姿多彩，难以忘怀。

1955年我考进厦门大学，21岁，正当青春韶华，前途无量。时光飞逝，日历翻到2020年，我已是86岁高龄老翁。回首当年，如今心里依然是甜滋滋的。收到录取通知书，我又激动又兴奋，在集美中学的操场上连跑3圈，并立即给海外同学写信告知。试想一个海外孤儿，冲破重重阻力，漂洋过海，北归上大学的梦圆了；一个贫穷侨生，经济无保障，全靠助学金，寒窗苦读3年，终于考上心仪已久的大学，怎么不叫人激动与兴奋！接着，我迫不及待地抢在入学日期的前一天，匆匆背上简易行囊，告别母校集美中学，乘车过高崎大桥，奔向我心中的诗和远方——厦门大学。

走进厦大校园，依我看来，一切都是美丽的、新鲜的。硬件上，那个高大的图书馆，丰富的藏书，简直就是一座金矿，等待我们去开采。那一幢幢中西合璧、诗一般楼名的办公大楼、教学大楼、学生宿舍、体育场馆等，明亮宽敞，让我们舒适享用。软件上，名师云集，校长王亚南是著名经济学家、《资本论》的合译者之一，历史系主任傅衣凌是著名的明清史专家，还有一支后来陆续成名的强大师资队伍。学校和各系定期或不定期举办科学讲座、学术报告会，我们可以自由参加。在浓烈的学术氛围中，我不敢懈怠，决心“而今迈步从头起”。

真幸运，进校的第二年，迎来了我国“科学的春天”。1956年，党中央发出了“向科学进军”的我们号召，全国上下，尤其大专院校和科研单位积极响应，掀起一股搞科研的热潮。厦大当然也不例外，全校师生个个摩拳擦掌，踊跃上阵，攻坚克难，勇攀科学高峰。当时我也跃跃欲试，根据自身的特点：一是我来自东南亚，东南亚是我国海外华侨华人较集中的地方，我对那里的情况略知一二；二是我英语基础比较好，因此，确定自己研究方向为东南亚华侨华人问题。而厦大在研究东南亚历史与侨情也具有很多优势：它地处我国东南沿海，靠近南洋；它是侨领陈嘉庚先生出资创办的，与华侨华人有深厚渊源；它有研究东南亚问题的专门研究机构——南洋研究所（现为南洋研究院），可以为研究者提供许多方便。主攻方向定了以后，我制订科研计划。课余时间，我都泡在图书馆与阅览室里，一方面钻研东南亚诸国资料，另一方面阅读翻译外文资料。记得这一段时间，我写了一篇题为《简介“马来纪年”》的文章（刊登在学校学生论文期刊上），翻译了两篇文章，一篇是介绍老挝的国情（未获刊用），另一篇是介绍苏联的一位历史学家的文章（刊在历史系学生论文集上）。我还翻译了两篇短文，都刊在《新厦大》上。这段时间，我最大成绩就是与陈国强、叶文程两位老师合作翻译《史前马来亚》一书，无奈，因为缺乏经费，译稿无法正式出版，只好内部刊印，仅供参考。

可惜，好景不长，1957年反右派斗争开始，根据规定，高校学生也必须参加，于是我们不得不停课搞运动。这样一来，我们在厦大的最后两年，几乎就没有再好好读过书。那场轰轰烈烈的斗争过后，又是“拔白旗插红旗”，又是“红专大辩论”，对“厚古薄今”思想和“走白专道路”进行大批判。1958年的“大跃进”开始后，我们又被拉出去参加厦门与东张的水库建设，到龙岩上山炼钢铁……一连串的运动，搞得我们个人的毕业论文无时间撰写，最后用集体编写的《闽西人民斗争史》来替代，才得以毕业。

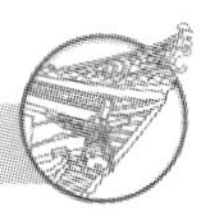

接二连三的政治运动，且不说浪费了我们不少的读书时间，更为严重的是错划了“右派”，伤害了一些人，影响我们同学之间的感情，我们那一届同学这么多年来就从未聚会过。那场运动，历史系是重灾区，被错划“右派”不少，我们那一届两个班就有六分之一被划上，还有好几个在“右派”边沿，我就是其中一个，因为我与几位“右派”平时有较多往来，因此要我站出来揭发他们，但是，我没有昧着良心，诬陷别人，也没有乘人之危，落井下石，所以被鉴定为“严重丧失阶级立场”，被划为“中右”，内部控制使用。

今天看来，厦大的四年，尽管因为政治运动而减少了许多读书的时间，但是不论从知识上还是从思想上看，我都收获满满。首先，在知识上，我在那段时间确实阅读不少东南亚各国的图书与资料，这对我以后从事侨务工作很有帮助。比如，能在贯彻执行党的侨务方针与政策方面做得更好，在服务侨胞与归侨时更有针对性。另外在厦大时打下扎实的外语基础，对我后来从事外语教学与翻译工作更是助益良多。思想上的收获，更是无法用语言来形容的。反右派那场斗争，我虽然受到了冲击，被批判，但是，挫折锻炼人。我经受了考验，以后历次的政治运动，特别是那场“十年浩劫”，我也都能挺过来，没有被击垮。当然，更重要的是，在厦大的四年，我受到校主陈嘉庚精神鼓舞和激励很大，始终守住为人的底线，热爱祖国，堂堂正正做人。总而言之，我要感谢母校——厦门大学。

难忘的记忆

1958年入职厦门大学　陈永清

1958年10月，对于厦门大学来说是令人难以忘怀的。一天，天空晴朗，万里无云，厦门大学沉浸在一片欢乐之中。校门内外，道路两旁，红旗招展，彩旗缤纷。全校教职员工及学生站立两旁，夹道欢迎以田汉同志为团长、梅兰芳先生为副团长的全国文艺界福建前线慰问团。只见田汉、梅兰芳等同志，身着深蓝色海军呢制服，频频向人们招手致意，欢迎的人群中爆发出阵阵雷鸣般的掌声。

慰问活动在建南大会堂里举行，会堂里席无虚座，连过道及门窗外都挤满了观看的群众，会堂被围得水泄不通。慰问活动开始，田汉同志宣读了慰问信，王亚南校长致答谢词，会堂气氛热烈，不时爆发出经久不息的掌声。文艺演出开始，只见8位身穿彩色演出服的女演员，伴随着浓郁的陕北音调唱道："厦门大学真荣耀，海防前线逞英豪，今天慰问团来到此，我先给大家来问好……"优美亲切的歌声，带来了全国人民的问候，带来党和祖国的关怀。接着，著名电影演员冯喆朗诵了田汉同志写的《厦大颂》："温室不能育大才，大才必须经得起暴风雨与惊雷，厦大师生……"铿锵激昂的诗句，激起了厦大师生无比的激情，也引发了师生们的阵阵遐思……打从1958年8月23日起，台湾海峡两岸对峙。建南大会堂前的广场弹坑累累，弹片横飞，连大理石栏杆也被炸断不少，图书馆、物理馆、生物馆等建筑设施也遭受严重破坏，化学系谢甘沛等同学身负重伤……厦大被迫停课，疏散到内地。一时间，厦门大学成了祖国海防前线，成了世界注目的焦点。国际学联、莫斯科大学，

东南亚及旅美、旅欧等地的华人团体、知名人士纷纷来信、来电表示慰问……正当人们沉思遐想之际，我国著名小提琴家马思聪先生演奏的《牧歌》和《思乡曲》的优美旋律又把人们带到了祖国北疆辽阔的草原上驰骋。梅兰芳先生的《霸王别姬》《洛神》等京剧节目，以其委婉动听，悲切呜咽的音调，余音缭绕，回荡心间；马连良先生的《将相和》，以其高亢的音调，优美流畅的韵律把廉颇与蔺相如以国家民族利益为重的故事表演得淋漓尽致，不时博得阵阵掌声与喝彩声。音乐家吕骥、贺绿汀、李焕之等人歌颂厦大的作品也被搬上了舞台。整个演出自始至终充满着激情，洋溢着祖国亲人的关切之情，慰问团的慰问活动把大家火热的心融在一起，群情振奋。

画家蒋兆和、叶浅予、艾中信及诗人田间等联手作画，画中画上了龙舌兰、和平鸽、鲜花以及在水里挣扎着的老虎，诗人田间题上了诗句，把帝国主义和一切反动派都是纸老虎的形象刻画得惟妙惟肖！

党和祖国的关怀，亲人的慰问，使厦大师生员工们亲切体会到党和祖国永远和我们在一起，厦大和全国人民心连心。

呵，厦大！不管是在战火纷飞的年代，还是在实现跨世纪宏伟蓝图的征途中，厦大始终以弘扬校主陈嘉庚先生的爱国精神为旗帜，砥砺前行。如今，她正在为建成“世界一流大学”和“世界一流学科”，为实现中华民族伟大复兴的“中国梦”而拼搏奋进。呵，厦大，您时时让人沉思、遐想、回忆，让人们感受到您的美丽、光荣与骄傲！

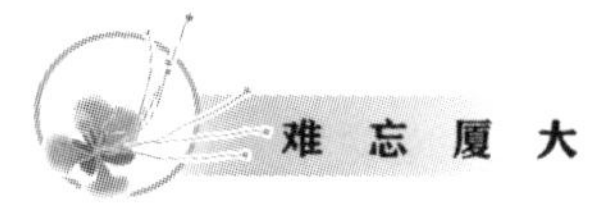

兵民合力抗台风

厦门大学1958级数学系　张方灿

1958年9月8日，我成了厦大数学系的一名学生，不久又成了厦大民兵师直属警卫连（学生连）的一名基干民兵，除了白天读书以外，还要在晚上参加从校医院到白城这一段海岸线巡查工作，我们的任务是：一次四个人，必须身背步枪，腰间扎好黄色子弹袋（每人五发子弹），全副武装上阵，两端两人固定哨，另外两人为流动哨，来回在建南大会堂前面的海滩上巡逻，两眼紧盯沙滩，两耳专注静听海浪拍打之声，任凭海风刺骨，刮风下雨，都要坚守岗位，各负其责，严防特务从海滩偷渡上岸，即使蚊咬虫叮，冬天的海风冷得我这个浙江人穿了长棉大衣还在发抖，也不能离岗半步，必须坚守数小时等待换班。夜夜如此，各排轮流担负厦大这段海岸线日常的防卫任务，如遇国庆、元旦、春节等重要节日，还有复员军人组成的另一基干民兵连增强守卫，共同担负此重任。这种一手拿笔、一手拿枪的学生生活是我在厦大难忘的一件事，60多年过去，至今想起来还回味无穷。

但是，在厦大我最难忘的一件事，却是1959年抗台风。对我们这届学生来说，1958年的炮声、1959年的风声，是我们学生生活永远不会忘却的回忆。当年抗台风的情景，如今想起还历历在目：那年暑假，一场从未有过的特大台风袭击厦门，整个厦门市都被台风笼罩，从白天到晚上，狂风暴雨，电闪雷鸣，风力在12级以上，海浪足有四五米高。位于海边的厦大首当其冲，大水冲上海滩，漫过建南大会堂、学生宿舍，直逼五老峰下的防空洞，到夜晚全校停电，外面一片漆黑，伸手不见五指，一两

个人手拉手也很难在露天立足。当时，我们住在芙蓉四学生宿舍，后面还有几间农民房屋。连部通知，这几间民房危在旦夕，随时有被吹刮倒塌的危险，必须把这几户农民安全转移出来。自然，这任务就交给了我们数学排留校的基干民兵去执行，虽然已是深夜，我们立即行动，记不清有没有雨具，只是切身体会到了风狂雨骤，我们三个身强力壮的小伙子扶住一个农民，头上脸上都是雨水，在大风大雨中，摇摇摆摆、跌跌撞撞，艰难地把人转移到我们学生宿舍，扶回来一个又继续去扶第二个、第三个……直至把这几户农民家的所有人都转移到了安全地方。彼时，天都快亮了，回到宿舍，我们每个人的衣服全都湿透了，大家这才感觉有点累，抓紧擦干身上的汗水和雨水，换上干衣服后稍作休息。

天亮了，雨也小了，特强的台风也减弱了许多，大水也从我们宿舍前面退去了，被抢救出来的农民陆续回家了。领导又通知我们，几间民房中有的屋顶已被掀翻，有的泥墙被雨水冲倒，农民屋漏无法居住，要求我们继续参加抢修。因此，我们这些基干民兵顾不上休息，忘记了疲劳，吃过早饭，又全身心投入救灾工作中去，帮农民递砖盖瓦、拌泥土筑墙、搬家具、安放生活用品、清除屋里屋外的污泥等，每个人都有条不紊地紧张劳动着。经过一个上午的辛苦劳作，我们总算勉强使农民能在家里安顿下来。

在厦大学习四年，“8·23”的印象最深刻，1958年的“8·23”是炮击金门的日子，1959年的“8·23”是留校全体师生抗击台风的日子，我亲历了，非常难忘。这是留给我一生的回忆。

在厦大民兵连的“战火”岁月

厦门大学1959级经济系　郭厚全

我是1959年秋季考进厦门大学经济系政治经济学专业的学生。在20世纪五六十年代水深火热的对敌斗争年代里，我参加了学校组织的民兵连，先后参加过迫击炮、无后坐力炮、三七高射炮和高射机炮训练，先后担任过传炮手、装填手、射击手和班长。短短四年，我在努力学好功课的同时，也掌握了各种炮兵知识和炮击技能，特别有意义的是经历了几次难忘的“战火”洗礼！

听侦察兵讲“海上擒敌”故事

我们这些基干民兵，除在没有上课的时间进行训练之外，晚上还要和部队战士一道轮流巡逻值班。一日深夜，我和一位解放军战士在三里炮台游泳池附近巡逻，我跟着那位熟悉那犬牙交错、沟壑纵横地形地貌的战士，睁大眼睛看着黑夜里周围的一切，又静静倾听有没有什么动静声响。当年潜入厦门的特务经常经由这一地段进来出去，所以在这一地段既有日夜坚守的碉堡岗哨，还有来回流动的夜间巡逻兵。在解放军战士面前，我这个民兵当然是“一切行动听指挥”。我俩走完那弯弯曲曲的地段，又蹲下身子静静倾听好一段时间后，这位解放军战士轻声对我说：“好了，现在没什么事，我们坐一会吧！”

跟解放军战士一道巡逻已不是第一次了，但我总觉得这位同志走路时的身段姿势和以前几位略有不同。我就问：“你是哪一个兵种的？”“我是侦察兵。我们沿海的侦察兵，主要技能是游泳潜水，潜入水

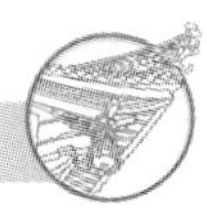

底时间不仅要长，还要能格斗，擒拿敌人。”他说。

“我跟你说说同敌人海底斗争的故事吧。”这位健谈的战士放低声音说，“一个深夜，我们划船出海巡逻，发现远处的海面有一些不一样的小波浪，似乎有人游泳而来，我们就下船潜入海里，直奔小波浪方向而去，没过多久真碰到金门潜来的特务，双方展开了海面搏斗，又沉入海里格斗，肢体相交，时捉时滑，一时我捉住他，过后他又捉住我；一会他在上，随后我又翻在上。这时全凭潜水的技能和体力。不久，我们的一位战友也赶了上来，本来是一比一的战斗，变成了二比一，再经过一番格斗较量，最终把那个特务斗得精疲力竭，捉上了船，送回岸上。赢得了这场海底斗争的胜利。”

“那你们的海底格斗力量、技巧真是过硬啦！”我说。

“8·23”炮击金门“满天通红”

我到厦大报到时，在集美火车站下车，因当年招生人数过多，我们暂住陈嘉庚校主家乡集美学村南薰楼。开学前夕，学校派车派人接我们到厦大本部参观。只见沿途横七竖八地横卧着许多粗壮的大树，带领我们的老师告诉我们说：“那是前些天（8月23日）12级以上台风把百年大树刮倒，今年的8月23日是自然灾害，去年（1958年）的8月23日是人为灾难，金门国民党炮兵残忍袭击，把厦门打得很惨。”

国民党炮火使厦门人民生命财产遭受重大损失，厦门大学建南大会堂也遭破坏，全国人民义愤填膺，强烈要求严厉惩罚国民党金门驻军。经过一段时间调集，厦门、同安、漳州等地里三层外三层布局远程火炮，准备击溃金门驻军。

1960年暑假我没有回家，依旧住在海边敬贤楼里。8月23日下午，基干民兵连领导把我和其他两三位同学（名字已忘）集中在一起说：“前年的今天，是国民党炮火突然残酷袭击厦门的日子。今天我们的炮兵要进行反击。今晚8点，解放军将万炮齐轰金门岛。8点之前，全校在校师生要全部进入防空洞，你们几个坚守宿舍，如果发现有炮弹还击，你们就赶紧进入水沟，沿沟走向防空洞。”我们几位听从命令坚守岗位，在宿舍焦急地等待这一时刻。

8点前几分钟，静静的校区除能听到海浪的拍击声外，什么声音也没有，安静得十分出奇。突然，从五老峰山顶传来高音喇叭的响声：“驻守金门的蒋军官兵们，赶快进入防空洞。8点整，解放军将万炮齐轰金门炮兵阵地。”

没过一会儿，或许就是8点整，“轰隆轰隆，轰隆轰隆”的炮声震耳欲聋，连续不断，震天撼地，南普陀寺后面的五老峰上空一片通红，真可谓“红日”从西边照亮。我们几位没有经过炮火洗礼的民兵一时间惊得目瞪口呆，傻傻地看着红彤彤的天空，倾听着隆隆的炮声……“要不要进入水沟去防空洞？”有个同学问道，“金门好像没有回击，我们再等等看。”

半个小时过后，解放军炮声才渐渐少了下来，通红的天空也慢慢恢复微蓝。因为没有金门回击炮弹，我们就依旧守在宿舍楼里，以不变应万变。

不多时，第二次炮轰又开始了，但炮火没有前次那么激烈，时间也没有那么久。过了些日子，我们才知道解放军三五道防线同时发射4万多发炮弹，金门炮兵阵地几乎全被摧毁，怪不得那晚怎么也听不到回击的炮声。

自此，厦门人民再也不怕敌人的炮击，身处最前沿的厦门大学也就成为最安全的地方啦！

“反攻大陆”偃旗息鼓

1962年盛夏，暑假没有回家的我，在校勤工俭学。8月初的一天，学校紧急通知：留守学校的师生全部撤离到漳州等地，因为国民党蒋介石集团要反攻大陆，厦门是他们的第一站，而厦门大学是厦门岛的最前沿。全校师生紧急撤离之后，我们基干民兵营的任务是保卫校区，我是在专

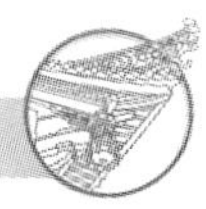

门打击坦克的无后坐力炮兵连。

平日万把人的学校，一时间只剩一个500多人的基干民兵营准备同敌人战斗，校区显得冷清许多。民兵营有步兵、炮兵等连队，各连队都从早到晚出操，集中住宿，集中吃饭，集中训练。那时的民兵是名副其实的部队建制，教练是部队的官兵，训练同部队一样严格，早上下午出操时，我们都唱着：“向前、向前、向前！我们的队伍向太阳，脚踏着祖国的大地，肩负着民族的希望……”嘹亮的歌声伴随着整齐的步伐，庄严地走向学校操场（当年郑成功练兵场）。训练时，瞄准手专注前方目标，装填手快速装填炮弹，搬运手快速传递炮弹，整个炮班人人精神抖擞，个个激情飞扬，决心练就战斗本领，准备同敌军决一死战。

不久，民兵营增加了对付空中俯冲扫射、投弹飞机的高射机枪连。我担任其中一个班班长。这种高射机炮要比大一时在五老峰解放军炮兵阵地的三七高射炮矮小许多，三七高射炮炮弹一个17.5千克，一个个装填一个个发射；而高射机炮炮弹是五发一匣，瞄准高空敌机后连压连发，犹如地面部队的机枪。训练时，我这位班长手持红旗指向“敌机”飞来的方向，高声大喊：“发射！”方向舵手转动飞轮让机枪炮口对准敌机，装填手紧压炮弹，射击手瞄准发射，环环紧扣，个个相连。

半个多月的训练，都以“敌机”真的来临进行练习，真刀真枪般实干。我们训练得人人都有一手娴熟的操作技巧时，突然传来消息：“国民党军队不敢来反攻大陆了！”

虔诚迎候校主陈嘉庚魂归故里

厦门大学1959级历史系　蓝庆祥

我于1959年夏荣幸地考上厦门大学历史系，1964年夏毕业，走向社会，在厦门大学学习、生活了五个春秋。

在厦门大学的五年中，除了在课堂上听老师讲课、在图书馆读书、在宿舍自习外，还有许多活动。前四年，我和同学们经历了挥镐挖战壕，接受解放军带领的军训，在海边扛枪站岗放哨，观看中央派来的慰问团的精彩演出，畅游美丽的鼓浪屿，与杏林纺织厂女工联欢，去农村劳动、工作锻炼。第五年，我和民族考古专业的其他6位同学，由老师带领去闽侯坛石山进行考古实习，到泉州开元寺、清源山，福州鼓山涌泉寺等地实地考察。所有这些都难以忘怀，但这期间让我永远铭记心头的却是1961年8月20日到集美镇迎候校主陈嘉庚先生灵柩。

1961年8月12日，电波里传来校主陈嘉庚先生逝世的噩耗，我和所有厦大人一样，感到十分沉痛。陈嘉庚先生是我们最敬仰的人，这不仅因为他是我们的校主，更由于他是一名侨领、一位伟大的爱国者，毛泽东主席赞誉陈嘉庚是“华侨旗帜，民族光辉”。那日起，我就关注陈嘉庚先生后事处理情况，天天到阅览室查阅报纸。我从报纸的报道中得知，陈嘉庚生前是全国政协副主席、人大常委会委员、归国侨联主席。陈嘉庚先生逝世当日，国家就成立了以周恩来总理为主任的治丧委员会，由43人组成，厦大校长王亚南也名列其中。8月15日，首都各界2000多人在中山公园中山堂举行了隆重的公祭。周恩来、朱德、陈毅、谭震林、习仲勋等参加了公祭大会。公祭由周总理主持，华侨事务委员会主任廖承志

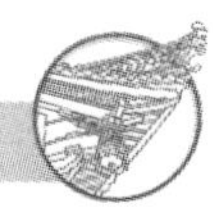

致悼词。公祭结束后，陈嘉庚的灵柩由周恩来、朱德、陈毅等人执绋，护送上灵车；由习仲勋、陈叔通、廖承志等人及陈嘉庚的家属和亲友，护送到火车站；于当天中午由专车运往他的故乡厦门市集美镇。

8月20日上午，我正准备去农场时，接到历史系办公室的通知，要我在12:30之前赶到校门口，然后随车往集美火车站迎候陈嘉庚的灵柩。当时我想陈嘉庚的灵柩早就于15日从北京运出，为何今天才抵集美呢。后经查阅报纸方知，运送陈嘉庚灵柩的专车，途中经过天津、济南、南京、上海、杭州等地。报纸还报道从北京护送灵车的有政协全国委员会副秘书长申伯纯，华侨事务委员会副主任庄希泉、庄明理，全国归侨联合会副主席尤扬祖、蚁美厚、王源兴等人。我匆匆吃过午饭，赶往校门口，见学校准备去集美迎候灵柩的老师和学生都到齐了。12:30，满载师生的校车驶出校门前往集美，一路上车内静静的，没人说话，似乎都在怀念校主。大约40分钟后，校车抵达集美火车站。下车后，我看到集美火车站里面和外面聚集了许多人，他们应该和我一样，都是来迎候陈嘉庚灵柩的。时值盛夏，又是中午，骄阳似火，气温接近40 ℃，许多人都满头大汗，衣服也被汗水湿透，我也口渴难耐，但大家都怀着虔诚之心，默默地坚持着。下午3时许，运送陈嘉庚灵柩的专车抵达集美站，灵柩被搬下车，移送至车站附近的停放处，随后就被送到陈嘉庚生前建造的鳌园隆重安葬。陈嘉庚的墓前放着党和国家领导人毛泽东、刘少奇、周恩来、朱德等送的花圈，还有福建省、厦门市机关、部队、民主党派、地方组织、人民团体、归侨人士、海外华侨团体及个人送的花圈。安葬仪式由时任福建省政协委员会副主席林一心主持。

校主陈嘉庚虽然驾鹤而去，但他永远是矗立在我心里的一座丰碑！

厦大生活片段

厦门大学1959级中文系　林卫国

就读于厦门大学是我一生的荣幸，也是我的人生经历中最欢乐和最值得回味的阶段。1963年毕业后，我被分配到山西工作，走出校门步入社会，告别南方奔赴北方，这是人生的一次重大转折。当时我内心既充满向往和豪情，又充满了惆怅和依恋。半个世纪以来，4年厦大生活的往事，像放映电影一样，一次又一次在我脑海中浮现。

难忘厦大的第一堂“课”

1959年秋天我进校时，厦门大学笼罩在战争的硝烟之中，并遭受了强台风的肆虐。据说那次台风是几十年所未遇的，损失严重。我们进校园时，台风刚过去不久，到处可见被吹折或连根拔起的大树和电线杆，一些普通建筑物被摧毁，只剩残垣断壁、破砖碎瓦，还有一座学生食堂整个屋顶被刮飞了……

更使我们新生感到有些紧张的是浓郁的战争气氛。自从1958年“金门炮战”以来，轰隆的炮声持续不断。厦门大学校园里曾落下蒋军炮弹，一座校舍的一角损坏了，展览室还展出当时留下的炮弹碎片。校舍所有玻璃门窗都贴上了“井”字形或“米”字形的纸条，以免震碎伤人。进校后第一项要紧事是参观和熟悉坑道，一旦遭空袭或炮击，我们就可以用最快的速度进入自己所在系、所在班级的坑道。平时看电影时，正片开始前学校会放映疏散线路图，告知每位观众一旦有情况要出哪个门，进几号坑道。晚间我们躺在床上，经常可以听到轰隆轰隆的炮声从前沿传

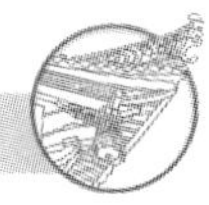

来，并感觉到一阵阵震动。那时，似乎我军还未完全取得制空权，蒋军飞机偶尔到厦门上空骚扰，我军高炮部队立即给予打击；飞机巨大的轰鸣声和高射炮密集的爆炸声交织在一起，天空上立即出现一朵朵棉花般的高射炮弹绽放的烟云。

这就是考入厦大的新生们上的第一堂“课”，也是被称为“前线大学”的厦门大学有别于其他高校的独特之处。没过多久，我们就完全适应了这种生活，在炮火中坚持学习，在学习中坚持战斗。当时，校园里流行的并不是《厦门大学校歌》，而是一首由谢应瑞作词、李焕之作曲的《厦门大学战歌》。歌词如下：

海潮汹涌浪花翻，
耳边炮声隆隆响，
战斗的厦门大学，
挺立在炮火线上。
把校园当战场，
把教室当工厂，
把烟囱当大炮，
把笔杆当刀枪！
六千个人一条心，
六千个人一个思想，
看，我们听从党的指挥，
学校筑起了铁壁铜墙。
…………

我们学生中的“基干民兵”也参加军民联防，夜间轮流到前沿海滩上站岗值勤。值勤时，两个人为一个小组，记下当晚的口令，每人发一件

军大衣、一支步枪、五发子弹，选择既隐蔽又便于观察的地点潜伏起来。我们防范的是两种人：一种是违反规定出海、企图游向敌方的人，另一种是敌方派遣从海里潜游过来的特务。解放军对我们交代了注意事项，教给我们如何放枪。第一次站岗时我心里很紧张，把军大衣裹得紧紧的还有些发抖，老想："万一有个'水鬼'(对敌特的称呼)爬过来怎么办？"接着又想："我有枪怕什么！他口令应答不对我就开枪！"后来站岗就渐渐习惯了，心里觉得挺刺激的，还有自豪感。

有一天晚上，离我们哨位不远的地方突然响起了一声枪声，大家骤然紧张起来。几个解放军战士似乎是从天而降，突然出现，奔向放枪地点。原来是我们一位同学神经过度紧张，看到海水在月光下闪光(据说这是海水中含有磷质的缘故)，以为是"水鬼"在水里打手电，不管真假就对海水开了一枪。深夜里枪声传得挺远，一下把部队惊动了。经再三观察，确信没有敌情，解放军战士就撤走了。第二天，大家把这件事当笑话传开了。其实，十八九岁的学生娃，第一次在黑夜站岗，出这样的事也不足为怪。

困难时期的校园生活

1959年至1961年，我国国民经济和人民生活陷入极大的困难。

当时农村出现了严重的饥荒，学生中患浮肿的人也很多。为了使莘莘学子能健康地完成学业成为对国家有用的人才，校方采取各种措施来维护学生的健康。学校医院加强监控，体检中一旦发现有人浮肿，立即通知有关部门，给这些学生发药(可能是维生素类)和一种类似糖饼的食品，以补充营养。学校还给学生发西红柿等新鲜蔬果，给大家当零食。另外，还供应一些肉酱(在那个年代，竟能弄到这类好东西，我感到很诧异)。在学生食堂里，我们经常吃到一种发糕，是用粗粮和从海里捞取的一种藻类粉碎后加工制成的。这些既可口又有营养的东西，对大家的健

康大有裨益。在三年困难时期，我们厦大没听说过饿死一个人，浮肿的人也很快康复，大家都安然渡过难关。

上学期间，我享受助学金，每月7元多。当时伙食费每月11.5元，基本上吃饱。我有胃病，凭医院发的营养卡，可以买到馒头。每天上下午，上最后一堂课时，我们早已饥肠辘辘，盼望下课铃早点响起来。进食堂时有点像战场冲锋，一进食堂就迅速排好队，眼睛盯住饭桶和菜盆，敲击着碗勺等待轮到自己买饭。这时，很多人都有点小私心：希望炊事员给自己多舀一点。

上大学期间，我在经济上始终很窘迫。大伯父林祖培从国外给家里寄了200余元，专供我上大学之用。但老家也得花销，父亲给我的费用平均每月只有几元钱，主要用于补充伙食费。后来有了一点点稿费，用来买书和看电影，偶尔也去照相。那时花钱，是以角、分来计算的，1元以上就算是“大钱”了。有一次，我穷得不行，到厦门市古旧书店卖掉了一本书，得了几角钱周转一下。后来，多添了一些钱，又把那本书买了回来。

当时，我们这些享受助学金的学生虽然经常囊中羞涩，但精神生活却很充实，过得很愉快。

（本文选自厦门大学校友总会网站“群贤文苑”栏目，收录时有删改。）

激情燃烧的岁月

厦门大学1960级中文系　林贻荣

“蔚蓝的天空是南岛风云的故乡，辽阔的海洋是海燕成长的地方……民兵师的红旗在我手中飘扬……”

重温这首由刘再复作词、颜剑飞谱曲的《厦大赞歌》，我不禁热血沸腾，记忆之舟驶回20世纪60年代那激情燃烧的岁月，心海掀起朵朵浪花。

我于1960年由陈嘉庚女婿李光前创办的南安国光中学毕业考入厦门大学。当时国家处于困难时期，蒋介石乘机叫嚣“反攻大陆”。厦门地处海防前线，战备形势颇为紧张。1962年暑假，全校师生都离校了，教学仪器也转移了。学校只留少数民兵护校。经过个人申请，学校批准，我被挑选留校。班上同学有咬破指头写血书要求留校的。我在申请书中表白：我出身于贫苦农民家庭，从小丧失双亲，解放后依靠助学金才能读上大学。共产党是我的再生父母，没有党就没有我的一切。我个人的命运和祖国的命运息息相关、紧紧相连。在祖国需要我的时候，我应义不容辞挺身保卫学校，保卫海疆！

留校师生武装民兵，在解放军指导下，按军事化编制过着备战生活。我们不畏酷暑，不怕困难，顶着烈日，在沙地上摸爬滚打，进行队列训练，实弹瞄准射击，军民联防，站岗放哨，防空疏散演习。为战时少流血，我们平时无惧多流汗，严格锻炼。军训是个大熔炉，它锻炼了我们坚韧不拔的意志、吃苦耐劳的精神，养成了严明的纪律、艰苦奋斗的作风，适应了紧张有序的生活节奏，还掌握了实战要求的军事技术。我们把军

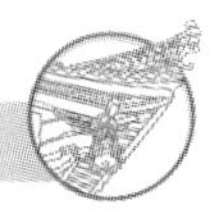

训前进行的忆苦思甜、回忆对比教育所焕发出来的政治热情，化为爱国卫校的实际行动。我们把“自强不息，止于至善”的校训，升华为自己的思想境界。我们将岳飞的“精忠报国”、文天祥的“人生自古谁无死，留取丹心照汗青”、陆游的“王师北定中原日，家祭毋忘告乃翁”以及辛弃疾的“梦里飞角连营，沙场秋点兵”等古代仁人志士爱国诗词融入自己血液中，变成巨大的精神力量。

在那战斗的岁月里，我们“召之即来，来之能战”，绷紧斗争之弦，人人有双警惕的眼睛，身着军装，手握钢枪；警报一响，迅捷进入防空洞，荷枪实弹，英姿飒爽，谱写民兵师崭新的篇章。1962年暑假的一个夜晚，我在厦大海边值班放哨，负责流动检查各固定岗哨，传递命令，及时汇报情况。我沿着海边巡逻，发现海面上有异常游动的影物，我走它也游，我停它也停。于是，我立即向解放军排长报告，他命令我通知各岗哨立即进入戒备状态。我们各自选择了掩护自己的洼地，子弹上膛，眼睛紧盯海面“水鬼”的动静。这种临战状态持续了半个小时后，我们接到排长解除戒备的通知。第二天方知“水鬼”改变登陆地段，在另一处被那里的民兵捕获了。这次虽然没有遭遇“水鬼”，却经受了一次严峻的考验。事后我曾有滋有味地向同学讲述当时亲历的情景。

战备期间，学校根据我平时担任过系刊、班刊和有线电台编辑的经历，分配我到广播台工作，从事文字编辑。电台由编辑、机务人员、播音员和鲍周义老师组成。这是一个团结、精干、灵活作战的小集体，作为学校的宣传阵地，我们肩负着宣传和鼓动士气的任务，一旦作战需要，我们要承担作战地宣传的任务。我们深知肩负的重任。我负责编辑广播稿，报道军训生活、军民联防等。篇篇广播稿都反映基干民兵多姿多彩的战斗生活，洋溢着以身许国的爱国精神，反映厦大学子的思想觉悟和甘于奉献、助人为乐的品质，记载其青春闪光的一页。每篇稿子字里行间都充满着20世纪60年代那代人朴素单纯的理想、信念和热情。那些广播

稿和军训快报，都是十分宝贵的历史资料。

在暂时困难时期，我们的物质生活虽贫乏，但精神世界却很丰富。我们发扬“自力更生，艰苦奋斗”的南泥湾精神，在胡里山办了养猪场，轮流到猪场和附近农村参加劳动。蔡厚示老师为厦门大学养猪场作诗：“胡里山前月尚明，朝暾日出我先行。松声拟比涛声壮，浩气宁同雾气横？远树模棱疑厉鬼，街灯灼烁笑寒星。驱车入市争猪食，携笔从农快此声。”诗歌反映了我们披星戴月劳动的情景。

两个月紧张的备战生活结束了，形势趋于缓和。虽然战事未开，但我们都做了勇敢参战、与阵地共存亡的精神准备。军事化的战斗生活带给我们从未有的磨炼和严峻的考验，这是书本上没有的知识，这是一笔无价的精神财富，值得永恒纪念。当时，总政等许多文工团纷纷到厦门慰问，也到厦大慰问演出，我们真是大饱眼福。在建南大会堂，我聆听过郭沫若即兴赋诗，讴歌英雄的厦门前线有海底的万里长城。我们中文系师生与孙道临等电影演员一起联欢，孙道临深情地朗诵柯仲平诗《延安与中国青年》，大家都沉醉在诗的意境里……

（本文选自厦门大学校友总会网站“群贤文苑”栏目，收录时有删改。）

我是厦大女民兵

厦门大学1960级中文系　杨聪凤

作为20世纪60年代的厦大学生，忙忙碌碌五年，除了学习外，各种活动很多，生活显得丰富多彩，当兵是很值得回味的一种。

说起来，在那全民皆兵的年代，当民兵并不是什么新鲜事，何况我高中时代就是基干民兵了，还到空军、陆军部队接受过训练呢。但在厦大当民兵，感觉确是大不相同。一个人一旦身临海防前线，似乎就禁不住产生一种紧张感——除了学校的国防教育外，参观防空洞、目睹被金门炮弹炸塌的上弦场花岗岩护栏、没有派出所开的证明就进不了的曾厝垵……哪一项不让你的神经绷紧？

每学期，每位民兵都要荷枪实弹地到海边站两三次岗。上岗前都得开会，每次开会，领导都要反复交代注意事项，特别强调要提高警惕，全神贯注，睁大眼睛，不放过任何可疑的人和可疑的事等。为安全起见，我们站岗时都是两人一组，尽量背靠背站着，不能聊天。当然，发现情况，小声商量是可以的。排长来查岗时，也会小声向你了解情况，给你布置任务。

1961年深秋的一天，我和陈月英被排在一组，站晚上12点至凌晨2点这一班岗。哨位在沙滩上的马尾松树林里，也就是如今国家海洋三所办公楼一带。它的左侧是建南大会堂左前方的小山岗，右侧是紧挨厦大医院的部队驻地。

那一天，无风无雨，月色迷蒙，绝没有刮风天那种脸被沙打得钻心疼的痛苦。但毕竟凉风飒飒，在浓密的桉树林里，看一切都觉得闪闪烁

烁，似有似无，弄得人神经蛮紧张的。大约凌晨1点多钟，民兵排长陈培楠神不知鬼不觉地来到我俩身边，轻轻地拍了一下我的肩膀，把我吓了一跳。他很严肃地把我俩召集在一起，耳语似的对我们说："你们看，海面上是不是有一个黑乎乎的东西？"我俩睁大眼睛看了半天，一无所获。他说："你们顺着我手指的方向看，那黑东西还在缓慢地向右移动呢！"仔细一看，果真如此。他是调干生，复退军人，共产党员，年纪比我们大，我们平时就很尊重他，这时更言听计从了。

他见我们已找到目标，就叮嘱我们说："我到连部汇报情况，你们隐蔽好自己，盯紧些。如有情况，一人趴在隐蔽处监视敌情，一人速到解放军连部找我。"不一会儿，他带着民兵连长和驻军连长回来了。连长顺着他指的方向一看，就说："没事，那是一块礁石。"我惊讶地说："礁石怎么会移动呢？"他说："这是波浪涌动，礁石时隐时现给我们造成的错觉。"虚惊一场，我们悬着的心终于放下了。

事后，爱开玩笑的我，故作严肃地对陈培楠说："你把礁石当水鬼，差一点把我吓成鬼。看来，你以前的兵是白当了！"他是个老实人，一本正经地检讨说："我是山区人，当年的部队也不在海边。当然，主要是我事先学习不够……"弄得我倒不好意思起来了。

1962年夏天，台湾海峡的局势骤然紧张起来，学校虽然依旧秩序井然，但学生已悄悄议论战事的可能性了。当时的通信技术还很落后，与外界联系主要靠书信，很慢。若想快一点，就得跑到市邮电局去发电报或打电话，浪费时间不说，费用也不是一般人出得起的。尽管如此，各种信息仍然雪片似的飞进校园。很快地，学校召开了大大小小的形势报告会，层层动员，让大家做好应付突然变故的思想准备。

首先受到影响的，似乎就是我们中文系了。当时，我们系的演出水平，不仅在校内首屈一指，在市里也小有名气。所以，我们在参加学校会演拿了第一名的基础上，排好整整两台戏，准备5月底、6月初到市里

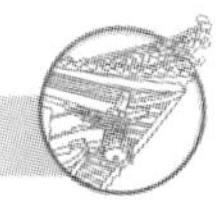

卖票公演，好好地露一手。正当我们全系上下摩拳擦掌、跃跃欲试时，系领导通知，演出准备暂停。这对于表演欲很强的年轻人来说，本是一件很令人扫兴的事。不过，我们平时就常为没能赶上革命战争、错过了战火锤炼而遗憾不已，这时倒真庆幸"打瞌睡碰上了枕头"，为能在这一场厦门保卫战中补上这一课而兴奋不已。当时的我们，有幸参加战斗的庄严感，远远超过演出的兴奋感，所以不仅不觉得扫兴，反而个个都像填满了的炸药包，恨不得立马就把敢于来犯的敌军消灭光，整天激动得不得了。

没多久，学校宣布提前结束功课，立即进行期末复习考试。不料，形势变化太快，打仗的风声越来越紧了，复习还没结束，学校又宣布提前放暑假，期末考留待返校时再进行。领导还说，这仗是打还是不打，要打多久，都不是我们可以说了算的。我们年轻而又打仗心切，每个人的心里都认定：这仗是非打不可，打则必胜。至于这"仗"将怎么打，自有经验丰富的指挥者会拿出好主意，无须我们这些学生兵去瞎猜想，我们更不会去猜测这铁板钉钉的事还会有什么变数，于是，我们认定，我们当下的任务就是想方设法争取留校，确保自己能成为这场保卫战的一员，然后全力以赴地投身军训。

其实，当时打仗的风声已传遍全国，谁都以为厦门非战不可，甚至满脑子都是厦门战火纷飞的样子。我们更是热血沸腾，以为马上就可以接受战火淬炼了。所以，学校一宣布要成立厦门大学民兵团，配合解放军，为保卫厦门岛而战时，留校的申请书，真如雪片似的飞向校党委。我也递了申请书，而且自认为态度很坚决，留下不成问题。当我得知陈月英同学早已写了血书，誓死留校后，我深为自己没想到这一招而后悔不已，于是我下定决心：反正我不离校，赖也要赖到学校留下我。幸好留校的名单有我，我才没让自己以赖皮的形象示人。

该离校的同学很快就离开厦门岛，留校的组成一个民兵团，其中包

括四个营。中文系和数学系合成一个营，我被任命为全营的卫生员。但领导有言在先，我既要接受卫生员的训练，也要尽可能地争取时间参加军事训练。这正合我意，我怕的就是不能参加战斗。

作为卫生员，我必须迅速完成三项任务：

一是打扫五老峰下的山洞，并逐一消毒，以便战事发生时有个隐蔽之所。为了有更多的时间参加军训，我自己争分夺秒、快马加鞭地干。当时同学们都恨不得把自己的劲都使上，争着来帮助我，所以任务完成得又快又漂亮。

二是学习军事技术。这是我不愿落下的事，但自己在参加军训的同时，还得履行卫生员的义务，负担肯定轻不了。大家训练结束就可以休息，我还得在丰庭一（女民兵驻地）、芙蓉二（中文系男民兵驻地）和芙蓉四（数学系男民兵驻地）之间奔来跑去，送医送药。更可恶的是，有些调皮鬼，包括一些给过我很大帮助的人，调皮神经一发作，竟也没事找事，故意在休息的时间里呻吟个不停，害得我在三座楼中来回奔波。他们一看到我疲于奔命的样子，就得意地笑翻了天……在老师和同学的心目中，我可能是一个循规蹈矩的人。其实，我肚子里的“花花肠子”并不比别人少，受了捉弄岂能善罢甘休？于是对他们笑笑说：“等着吧，准有你们吃好果子的时候！”

三是战地救护训练。我个子高，腿长，是百米短跑和跳远的三级运动员，完成战地救护任务应该不成问题。当然，这只不过是我的自信而已，如真的打起仗来，战绩如何，那就不敢说了。

庆幸的是，团长给了我一个“特权”：我在“战场”上可以指认某人为“伤员”，让“担架队员”把他抬下“战场”。他们必须听我的，没有任何讨价还价的余地——这是“战场”嘛！这给了我一个对调皮鬼“报仇雪恨”的大好时机——到了“战场”，那些平时捉弄过我的人，一旦成了担架队员，要他抬的，准是全营最胖的人。他们一看就知道我在使坏，但谁敢不服从命令？充其量也只能一边狠狠地瞪我一眼，小声嘀咕一句："等着瞧，王熙凤！"一边吭哧吭哧地把"伤员"抬走，哪怕累得大汗淋漓，上气不接下气，也得完成任务。

营教导员在讲评会上表扬他们"不怕苦不怕累，完成任务很出色"时，我窃笑不已，他们又狠狠地瞪了我一眼。散会后，我把他们拉到教导员面前"讨功"说："报告教导员：他们表现出色，与我给他重任有关，他们的功劳是否应分一点给我？"教导员早知道我在使坏，故意板着脸说："一边去！"

坦白地说，在所有的训练科目中，练习瞄准是我最重视的一课，我希望自己在战场上能百发百中。然而，这又常常是最令我发怵的一课。我当时瘦得像麻秆，身上好像就没几两肉。酷夏之中，在地板上一趴就几小时，太阳把我晒得快冒烟不说，如碰上训练场地是水泥地板，那疼痛全都直往骨髓里钻。我生性好强，叫苦是不会的，但我那疼得龇牙咧嘴的样子，实在是有伤大雅。

有一天，首长一说要"到沙滩上去练"，我脑海里就闪现着一片黄澄澄、松软软的沙滩，感受到躺在上面无比舒服的滋味，高兴得差一点就用俄语高呼"乌拉"了。没想到，脚刚踩上沙滩不一会儿，就有一种被火烧的感觉，头上的汗也直往下掉，两脚就情不自禁地轮流往上提了。但我还心存侥幸，以为趴下去久了，沙就会慢慢变凉。谁知事与愿违，趴得越久，肚皮就被烤得越痛，我觉得自己简直就是一条摊在热锅上煎的鱼，锅底是熊熊燃烧的烈火，我身上马上就要冒烟了。那滋味，我此生是永远也忘不了！

每到训练打靶，一听说哪里有了伤员，我心里就矛盾极了：既可惜自己不能练打靶，又庆幸自己的肚皮可以免受刑了。矛盾归矛盾，只要战友需要，我还是背起药箱就走。几天后，我真有点吃不消了，很想向领导反映反映，但又怀疑是自己怕苦怕累，想多撑几天再说。大概因为

中暑的人越来越多，早就关注这事的营长，见了我就说："你这个卫生员怎么当的呀？这么多人中暑，为什么不早报告？应实事求是呀，我们平时缺乏锻炼，总不能让大家未上沙场身先卒吧？我们应该学会保护自己呀。从现在开始，尽可能到树荫下去练，非上操场、沙滩不可时，头上戴草帽，地下铺稻草垫。"我和战友这时高兴得要命，练得更卖劲了。

要考打靶了，为了留更多的子弹打敌人，每人只能打一发子弹，但成绩都不错。我以"一发十环"名噪一时，很是骄傲。当然，担架队员们却不以为然："你能打十环？准是看靶的人弄错了！"

我们练呀练，不料台风季节很快就要来临，备战被叫停了。原来，不管蒋介石如何迫切地想"反攻大陆"，台风一刮，他们是过不了台湾海峡的。备战既停，学校就通知学生回校复课，而且很快就进行期末考试。

期末考本来就难度不小，厦大的留级生可是年年有的。这次，战火烧得那么旺，大家都以为这一仗一定要打很久，有些同学难免就在脑子里把复习之事往后挪了，面对突如其来的期末考，那些临时抱佛脚的人，谁也不敢保证有多大胜算。几场考试的成绩出来时，留校备战的人似乎都高兴不起来——我们有的"战友"考砸了。当时，谁都没有"走后门"之念，谁考砸了谁认栽，不管你是班长还是团支书，该留级就留级，谁也不说什么。即便是我们的"战友"，如果补考一次还没过关，转眼间"同窗"就变成"学弟"了。我真为那些平时成绩不错，这次却一不留神就留了级的同学遗憾。这事给我留下一个极深的印象——当时的厦大，抓学习是多么地"狠"。

1962年的仗虽没打成，但厦大的备战观念却越来越强了，到了1964年暑假，在我即将升入五年级的时候，厦大民兵师师部干脆把部分民兵送到部队去淬炼了，我们女兵去的是同安辽野的野战部队。当时对我们的要求是："记住你是战士，忘了你是学生，战士怎么生活你就怎么生活，战士怎么练你就怎么练。"

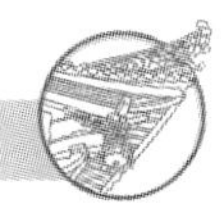

我是一个被同学们认为像男孩子的人，处事虽然不细，但很快。出发时，我胸有成竹，觉得自己能当好这真正的“兵”。到了部队我才知道，这兵真的不好当。怎么说呢？除了睡着，一天24小时，我们从起床号响起到晚上熄灯，似乎就没有自由支配的时间；部队的粮食绝对有保证，但吃饭好像就事前早已被告知，煮的饭只够一半人吃，慢了就等着挨饿吧，于是大家都抢着吃一样；刚吃完，哨子一响，又是全体出动，抬盖营房的大石条去了；白天累得不行，晚上倒头便睡死。紧急集合的号声，我们是不知吹了多久才听到，说是醒了，其实个个迷迷糊糊，不管是衣裤还是鞋袜，抓到就穿。于是，这位发现自己左右脚穿错了鞋，那个大叫自己的裤子哪儿去了？整间屋子乱成一团……好不容易跑到操场站好队，十公里拉练立马开始，快得就像是赛跑，累得上气不接下气，管你什么例假不例假……

吃一堑长一智，我们从丢人中总结教训，想出了一个好招：睡不解衣，打好背包不解开。哪知“魔高一尺，道高一丈”，连长在熄灯号吹响后来了个突击查房，命令我们解除“武装”，好好睡觉。既然如此，夜里大概不会再有战事吧？不过，出了一次洋相的我们，毕竟有了警惕，睡前都摆好自己的东西，还牢牢记住它们的位置……所以，虽然半夜三更又来个紧急集合，我们的洋相总算比以前少多了，还受到“进步很快”的表扬。

只要身在厦大，似乎很难跟兵脱离干系。1973年，配合写作课的教学，我曾奉命带着首届文史系部分工农兵学员，到有名的漳浦古雷半岛下安女民兵排去体验生活了一个月。20世纪90年代，系总支让我分管学生工作时，我就跑到学校对面的部队干休所，请了林拓等四位军、师级的离休干部来当我系的校外辅导员，大大地加强了学生跟部队的联系。直到我退休后受聘到厦门华夏学院工作，还把这一“传统”带到那里去。

啰里啰唆写了这么多，我想说的话，其实就一句：不管社会上吹的是什么风，厦大从来不把自己当成脱离社会的象牙塔。一方面，厦大抓

起教学来确实很狠——原来学校要开除一个学生，是会先跟学生家长通气的。“文革”后，为抵制走后门之风，有一回，学校要处分“有来头”的学生，竟也出了狠招——先斩后奏，先公布处分决定，再请学生家长来学校。此事震动很大，师生无不拍手称快。另一方面，厦大从来不忘要把学生培养成坚定的爱国者——哪怕你还只是一个学生，你也有保卫自己国家的责任。

作为曾经的厦大女民兵，虽然我不是很出色，但爱国的情怀确实已深深地嵌入我的心灵。

我要大声地说:“谢谢您，我的母校！”

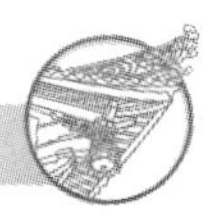

蓝色的小书包藏着青春的梦

厦门大学1960级中文系　郑懿德

1960年9月，我考上了厦门大学，我的大学生活开始了。我每天都背着一个褪去了蓝色、已经发白了的自制小书包——那是把姐姐穿小了、我又穿过几年的一件旧衣服剪了，自己手缝的，还打过补丁。它陪我度过五载大学生活。记得那时，我每天往返于丰庭女生宿舍、集美楼教室或系资料室，两点一线，这是我大学生活的主旋律。大学时代，因父母双亡，我靠助学金完成学业。尽管生活拮据，但18岁的多梦女孩，仍觉生活是那样充实，那样美好。竞丰食堂的块状米饭、馒头、稀粥、咸菜，还有那365天一个味儿的熬白菜，我都还挺期盼。只是怕排队浪费时间，我常常特意错峰就餐。等这些"美味佳肴""落实到'胃'"，我就又背起我的蓝色褪尽的小书包，穿过一条两旁都是田地和水井的小通路，往集美楼教室走去。周末，是到礼堂看电影还是到教室看书？我常常选择了后者。这样的生活日复一日，年复一年。

大学岁月，书本给我开阔了无尽的视野，带来了无穷的欢乐。我对未来的生活充满了憧憬，也充满了期望。青春是蓝色的，蓝色的小书包藏着我青春的梦。书本，是我最好的朋友。漫漫人生路，这个在厦门大学养成的生活习惯，一直带进我几十年的工作中。

大学生活，除了"第一个任务是学习，第二个任务是学习，第三个任务还是学习"的书呆子生活外，18岁的妙龄女孩，有过一个"五彩缤纷"的生活空间——厦门大学艺术团舞蹈队。我的同班同学庄慧儿、林思娘，还有陈娜，都是活跃分子。因着中学时代市一级的中学生合唱团的

底子，我考取了厦门大学艺术团歌咏队，但中学时代毫无跳舞经历的我，怎么居然也考取了厦大艺术团舞蹈队？我自己也纳闷。这个群体有化学系的抗甫、丽玲、吉峰，历史系的张玉文、林道发，数学系的林熙，物理系的翁朝曦、胡永乐，生物系的林葵……还有我们的团委书记洪桂芳老师，一串串熟悉的名字，这些朋友今在何方？这是一群从不问别人“你从哪儿来？你要到哪儿去？”的很纯、很亲、很快乐的朋友。1960年到1964年，每周两次排练，学子们大家苦学了两三天后，下午四点或四点半，从各系准时来到大海一侧的建南大会堂舞台上排练，要把人间的美丽和快乐献给全校师生。

毕业前夕，“到农村去，到边疆去，到祖国最需要的地方去”，“以苦为荣，以苦为乐”，成了我们生活的主题。记得，我还曾与陈月英、陈绍宽、王奕林一起写信到新疆，希望毕业后到那儿贡献自己的一生，直到庄明宣书记批评：学校查问，说中文系有人自己写信到新疆，人家回信说“欢迎”，你们每个学生，一进入大学，国家教育部就已经列入了名册，工作必须由国家统一分配、安排，知道吗？！我们这才自觉闯祸，吐吐舌头作罢。分配方案定下后，还是那位学生们都敬重的庄书记找每个人谈话，轮到我，他说：“懿德，你没有父母，没有牵挂，出省没问题吧？”出省？去哪儿？他没说，我也没问。我还是那句话，坚决服从分配。

1965年，临离开母校的时刻，我曾用整整的一天，再看一眼我的海上花园的母校，当我独自一人伫立在大会堂前，心里惊呼：厦门大学，你真美呀！红砖琉璃瓦的建筑群掩映在万绿丛中，凤凰木、蓝天、白云、无边无际的大海！大学毕业了，我，还是用那蓝色褪尽的小书包装满了书，告别了母校，走向远方……

我是一个兵

厦门大学1961级中文系　林玉山

在厦门大学五年的生活中，我是一名大学生，同时又是一个兵，名副其实的兵。

1961年9月4日，我考上厦门大学，到学校报到注册上课，成了一名大学生。10月9日晚上，我又成了一个兵，到海边站岗去了。

拿着枪，站岗放哨，这是我人生的第一次经历。在满天星斗，在海涛怒吼、海风劲吹中，新鲜、害怕、责任、勇敢和认真五味杂陈，叫人难以言表。四边微明而又黑暗，除了海涛的声音，什么也没有。我还是睁大了眼睛，察看四周的动静，倾听着四周的声音，严防敌特从海里上来，也防止有人从海边偷渡到金门。这样的站岗放哨，大概一两周就会轮上一次。

10月16日，我又到海边站岗去了。一回生两回熟，我不但全然没有了害怕的心理，而且站岗也更有经验了；不但懂得如何弄枪，而且懂得如何巡视四方，站岗的质量就更高了。

1962年，蒋介石想“反攻大陆”，学校的战备紧锣密鼓地进行中。我又报名参加了基干民兵。7月2日晚上，学校在建南大会堂举行基干民兵营成立大会，也是战备动员大会。大会堂上方横匾上挂着“战备动员大会”的大红布幅。与会的基干民兵个个扛着枪，迈着雄壮的步伐秩序井然地进入会场。首长作了动员报告，分析了当前形势，要我们防止和平麻痹思想，提出了基干民兵的任务和具体要求等。7月4日开始，我们进行“防御中的兵”的作战演习，要求做到“准、熟、快”。“准”是射击要准；

“熟”是熟悉地形，熟悉任务；“快”是执行任务快，行动快。经过三周时间的训练，我学会了准确的瞄准，成绩达到了良好，能很快地投掷手榴弹，熟悉了防御中的作战技巧，还进行了紧急集合训练和冲锋战斗演练等，基本上能参加作战了。我们基干民兵都表示，我们决心参战，保校卫国。

1963年3月27日晚上，轮到我海防站岗。这一次站岗不比以往，首先在人方面，是基干民兵；其次，还搬到海边住宿。警惕性、组织性、纪律性比过去都高得多。那天晚上下着黄豆般的大雨，路上泥泞不堪。雾像云一样密，稍远的地方都看不见。那天我担任流动哨，一边走，一边观察四周的动静，都顾不得路上有没有积水。我的整双鞋都湿了，裤子衣服都湿了，不但外裤湿了，连内裤都湿了，海风一吹，冷得发抖。但这些都没有妨碍我执行任务。忽然，我看到海边似乎有人走动，好像要下海投敌。我弯下腰，慢慢接近那个黑黑的摇动的点。快走近时心里有些慌，心想：如果敌人发现了我，会不会跑掉，如果跑掉，我该怎么抓住他呢？但我还是沉着地握紧枪，把枪口对着那个人，慢慢地悄无声息地走过去。一看，原来是竖着的大石条，在海浪汹涌下，就像人在走动。我松了一口气，就回去继续巡查。1963年8月5日，我和解放军同志一同站岗，虽然只相处一个晚上，却向解放军同志学习了许多优秀品质和站岗知识。那位战士给我的印象是虎虎有生气。

1964年3月31日晚，我负责查岗，半夜时分，到了一个岗位，站岗的同学都没有发觉我，更没有发出口令。原来站岗的同学抱着枪呼呼大睡。我喊他，摇他的头，都没醒。直到把雨衣蒙住他的头往上抱，他才从睡梦中惊醒，大喊大叫起来。这是我五年大学生活中，发现的唯一一次站岗同学失职的行为。如果敌人真的摸进来，那后果不堪设想。我没有讲一句话，那位同学却羞愧难当。

1964年暑假，为了更好地提高基干民兵的军事技能。学校组织一批学生下连当兵。我报名下连当兵被批准了。8月9日，学校校长助理

作了下连当兵的动员报告；10日，举行了下连当兵誓师大会；11日，我们就出发到同安县，与解放军同志一同生活和训练。我被分配到274团2营6连火力排40班当兵。真正开始了一个兵的生活。我的班长叫侯松林，是连五好战士，还有战友赵若柄、郭俊才、陈友仁等，他们都是很关心我的好战士。

40班的战术是配合步兵作战，摧毁碉堡、坦克之类的东西。我们的武器是火箭筒，这种炮弹能炸毁150米之内的碉堡和坦克。我与战士一起学习如何测量距离，如何瞄准，如何射击、起立、卧倒等。我苦学勤练，一学就会，战士们都夸奖我。他们也很关心我，一见我手被割破了，就替我包扎。我穿短衣短裤，他们怕我手脚被沙粒钻痛，就要给我垫草、垫他们的帽子。但我都谢绝了。如果战斗起来，还不就是沙滩吗？在下连当兵中，我学会了火箭筒的构造原理和射击技术，半自动步枪的构造和射击技术，学会立、跪、卧三种姿势的操枪射击技术，到海边进行了游泳训练、武装泅渡训练，进行了负重行军训练，还和战士们上山割马草，和战士们一起包饺子吃饭等。在射击考核中，我打了9枪，成绩是良好，有78环。我在训练时不怕日晒雨淋。有多次训练突发大暴雨，我们仍然坚持在雨中训练。一个月的下连当兵，我不但学习了许多军事技术，更锤炼了吃苦耐劳的品格，真是获益良多。9月初，我就回校上课了。但在毕业离校之前，我和官兵仍有书信联系，传输着深厚的战斗友情。

1964年9月19日，中秋节的前夜，轮到我海防站岗。这是我几年来站岗中最美丽的夜晚。晚上月亮很圆，映得海面的波光上下抖动，熠熠闪光。我体会到“海上生明月”的意境，真的陶醉于美景中。

1965年9月12日，厦门军分区组织全厦门市1700多名基干民兵进行环鼓浪屿长流游泳活动。厦门大学有100人参加，中文系有7人参加，包括温带强、沈学发、谭燕山和我，由我担任小组长。我们11:30下水，下午1:50上岸。其间，带强被礁石划破脚，我腿抽筋，大家眼睛长久浸

在海水里，非常痛，但我们都克服了困难，完成了渡海训练。平常，我游玩过多次鼓浪屿，都没有像那天一样饱览海上花园鼓浪屿的美好风光过。这次从海上向四周环顾，我们发现鼓浪屿美不胜收，真是不管风吹浪打，胜似闲庭信步。

20世纪五六十年代，退据台湾的蒋介石，在美国支持下，一直叫嚣“反攻大陆”。与大小金门隔海相望的厦门大学就成了海防前线，蒋军的炮弹都打到校园内。当时我们厦门大学的学生，绝大多数既是大学生，又是一个兵。这给我留下了无数美好的回忆，又给我人生难得的锻炼。这在全国所有高校中，恐怕也是唯一的，我非常引以为豪。

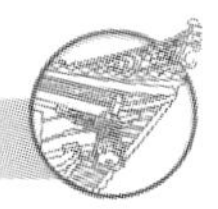

往事钩沉:公共汽车上的尴尬

厦门大学1961级中文系　王书声

1966年4月中旬,南安老房东吕俊同先生之妻李含笑女士,突然抵鹭找到了我们。在参加社教时,我和印尼侨生谭燕山居住在她家9个月,彼此建立了深厚感情。

李妈妈是一个苦命人,我们十分同情她。因为她无法生育,为了传宗接代,先后领养了几个男婴,结局都是极其悲惨的:或落水淹死,或病死,或被退返。她最终养大了一个儿子,承接吕氏香火。她信佛,心地善良,对我们关爱有加。谭燕山在她家吃饭,她都是按每月6块伙食费供养他,常常煮些好菜。作为回报,燕山每天给她义务挑水。而我寄饭的那家,非常之贫穷,每天都是稀饭、地瓜配豆豉。稀饭之稀,真是可以照见人影,或是如同学戏言的“洪湖水,浪打浪”。久而久之,我由于营养不足病倒了。她看见了特别心痛,每天偷偷煮一碗米粉给我吃。有一次我不小心腰扭了,她急忙拿海外进口的药水给我涂擦。盛夏之夜,我常与她坐在院子里乘凉、交谈,她用的是闽南话,我用的是半闽南话半莆仙话。久而久之,我俩情同母子了。

分别半年之久,她大概想念我们了,于是只身来到厦大。我们当然很高兴,这次非好好款待不可。那天,谭燕山刚好有事情,嘱我陪同她去岛内参观。可是这个时候,我却身无分文。那一两年我经济状况非常之糟糕,继父在1963年病逝,旋即母亲得鼻腔癌,先后花费不少钱财。前几年担任小学教师的姐姐每月都会寄10块钱给我作零用,我过得很愉快。好友陈炎树接到父母寄来的零用钱时,高兴地对我说,这是“幸

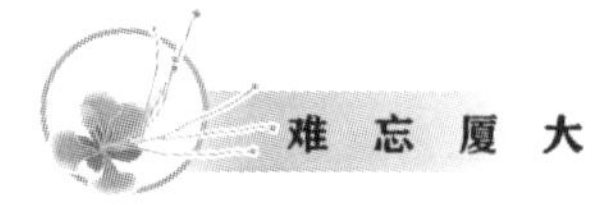

福月刊社寄来的稿费”。每次收到姐姐汇款时，我也是对陈炎树这样说的。可是现在，姐姐的汇款时断时续，而且数量减少了，我一下子从小康坠入困顿之中，陷入经济危机，囊中羞涩、空空如也。好在再三个月，我就要毕业了。

当燕山在宿舍走廊上送别李妈妈时，我想开口向他借些零用钱，可是转念一想：“我怎么落到这个地步了？几角钱都没有，太丢人了！”出于爱面子，我把话咽下去了，心想：“李妈妈身上肯定有钱，等下她一定会买车票的。”于是我怀着冒险而又忐忑的心情，携同李妈妈到校门口去了。

我们很快就坐上了1路公共汽车，从厦大到轮渡码头有四站，每站两分，共八分。车门关好之后，一个年轻的女售票员从车前向车后走过来，喊道：“开始售票了！每站两分。”旅客纷纷买票。她逐渐向我走来。上车不久，李妈妈就有些晕车了，显得昏昏沉沉的。接着，她晕得更厉害了，双手伏在前排椅背上，埋下头来。“糟糕，怎么办？”我在人群中寻找有无同乡或熟人，可是一个也没有。售票员走到了我的面前，说：“买票了。”我只当没有听见，眼睛朝向外面。过了一会儿，她走到我跟前，说道：“买票了。”哎，已经无路可退了，我只好摇醒李妈妈，告诉她，我身上没有钱。她完全没有料到我会有这个举动，她在恍惚之中从衣袋里取出零钱，买了车票。此刻，我真是羞愧得无地自容。可以说，这是我平生遇到的最尴尬、最丢人的事了。

到了码头，她头脑逐渐清醒了。

我们到了鼓浪屿，吃饭、游菽庄花园、照相等，所有费用都是李妈妈付款。我虽然是东道主，本应尽地主之谊，可是她却反客为主，来款待我了。我感到十分惭愧。我们一直游玩到了傍晚才回校，李妈妈向谭燕山说了一些话之后，便回到厦门亲戚家去住了。

55年来，我把这件不愿告人或公开的事情深深地埋藏在心底。如

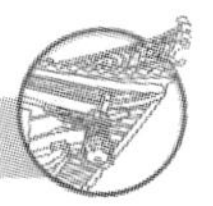

今我之所以把这个隐私公之于众，晒在阳光之下，其目的在于：希望让母校后继的学子们知道，我们这辈人，在国家百废待兴，仍需艰苦奋斗的那些岁月里，是如何在俭朴的生活环境里去完成学业的；希望他们能够倍加珍惜今日的幸福生活，努力去达成母校“止于至善”的校训。

需要特别说明的是，本文在写作过程中得到同班同学、厦门市文物管理委员会专家陈可强先生的帮助，特致谢忱。

感恩母校　难忘同窗

厦门大学1961级中文系　张初考

我祖籍福建宁化县，出生于贫寒的普通农家。1960年，我从宁化一中毕业，考入厦门大学中文系，后因病休学一年，复学之后，有幸成了中文系1961级的插班生，学制五年，于1966年毕业。母校厦大风光之美、校风之好，说不尽、道不完，本文只将我终生难忘的一件惨痛经历如实记述，以示对母校的感恩之情和对同窗学友的难忘之谊……事发于1965年的初秋，全班同学奉命参加南安县“四清”工作刚回校不久。我记不清是周六还是周日的晚间，很多师生都到建南大会堂观看电影了，却有一位来历不明、形迹可疑的校外中年女性来到芙蓉二中文系学生宿舍走廊，她来回晃荡，神神秘秘。我问她来此干啥，她却支支吾吾，我便骑上一辆自行车（同班同学的友人骑来学生宿舍的旧车），火速到学校保卫科报案。

然而，当我离开保卫科，回程骑着自行车从山边的坡道往下冲时，正是建南大会堂放完电影散场时分，很多人正从校内大道步行回家。而我所骑的单车突然刹车失灵，我若继续往前直冲，势必伤及不少师生、老人和小孩。我只好手握车把将前轮打横。说时迟那时快，我连车带人摔倒在离校门不远的十字路口（即现在的逸夫楼左前角）。别系同学见状，立即告知中文系1961级的同学。在赶来的两位班长吴文尧、王书声，班干部涂色卿安排下，王书声、涂色卿、洪仁贤和温带强等同学组织同学们用担架合力将我抬到厦大医院。一位年轻的值班女医生察看了我的伤情，见我只是腹部皮肤外伤，就给伤处消了消毒，擦抹了红药水，还给了

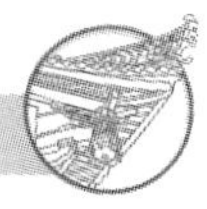

消炎药。然后我就被抬回芙蓉二学生宿舍，但我依然痛苦万分，弯腰驼背按着伤及的腹部。幸好几位班干部和同学十分机警、明智、果断，觉察出我的伤势严重。他们争分夺秒、连奔带跑，用担架将我抬到厦门市第一医院。该院医生也动作迅速，立即为我照X光。此刻我已倒在机前昏迷。在手术台上进行全身麻醉时，我只隐约听到自己“啊”了一声……第二天，腹部手术后苏醒时，我睁开双眼，看到黄宗实同学守护在我的病床前。他见我醒了，立即对我嘘寒问暖。关照之情，非常真诚；安抚之言，不绝于口。

住院第二天，当年厦大医院的黄院长，也于百忙中来到厦门市第一医院关照我。据他所述，当时是厦门市第一医院院长和一位外科医生合作为我动了手术，每次查病房也是他们俩。据说因我肠脏受伤，流血不止，血流之多，相当于一两位产妇所流的血量。因而班级发动全班男同学报名检验血型，合适的就为我输血，一共给我输了800毫升的血，以弥补失血过多。我的小肠被切去了一段，右腹刀疤伤口有4厘米之长。住院期间，罗文盛老师，以及谌招源、王人志、赖占煌和李海谛等同学先后来到厦门市第一医院病房探望照顾我。幸好手术后，我身体恢复得很快，并未留下什么后遗症。由此可见，第一医院的医生医术之高明，医德之高尚。

如今，我年届八十有二，自1978年年底获准移居香港（因我妻子是1967届厦大经济系毕业的侨生，由她提出申请）后，虽然为了养家糊口，日子过得艰辛劳累，但身体尚好，也很少伤风感冒。我永远铭记诸位同窗学友及时相助。感谢厦门市第一医院的医生，感谢母校老师、同学和医生多方联手相救。

我也想借此事此文，告知母校后辈学子：不论遭遇何种痛苦、何种难关，都要挺直腰杆向前，希望永远在人间……同时，我也感悟到，人生是否畅顺，不能全靠自己，更重要的是要靠良好的社会环境和人际关系。衷心感谢母校厦门大学的栽培之恩。

厦大生活　温馨往事

厦门大学1964级经济系　陈大树

2021年，母校厦门大学迎来100周年华诞。穿越时光隧道，回到50多年前的厦大生活，多少难忘的往事，多少温馨的记忆，浮现在跟前。芙蓉二宿舍仿佛还洋溢着我们的欢声笑语，图书馆阅览室还留有我们借书的笔迹，教室里老师们还在神采飞扬地讲课，鲁迅广场有我们奔跑的身影，芙蓉湖边花间小径柳绿花红依然灿烂，大海汹涌的波涛里还有我们青春的风采，满校园的凤凰花正在争红斗艳……绵绵思念暖心头，一砖一瓦总关情。

厦门大学坐落于五老峰下的一片海边净土，嘉庚式建筑，栉比鳞次，错落有序，红砖绿瓦，飞檐挺脊，绿柳摇曳，凤凰花红，如是阳光初照，云蒸霞蔚，如梦如幻，还有海风吹拂，送来阵阵涛声。百年前，校主陈嘉庚携手建校团队创建起这座美丽校园，奠定南方之强的基业，而今嘉庚精神亦成为建设一流大学的精神动力。

我们这群青年学子来自四面八方，以校结缘，以爱相聚，师生融洽，班级为家，亲如兄弟，演绎着师生情、同窗情。

师生情深，师恩难忘。刚进校时，评助学金，分为每月17元、15元、12元，多数人都有，政治辅导员陈旭华老师几次找我谈话，关心我的生活，要给我定为17元，我坚持只报15元，还受到表扬，小事非小，体现老师的关心爱护。陈老师政治热情高，工作认真细致，对同学的学习生活的关心无微不至，既是老师，更像大姐。读到二年级时，我和一位同学合作写了一篇学习毛泽东著作体会，投稿给《厦门大学报》，不久后的一天

下午，同学喊我说领导找我，我跑进宿舍，一位慈眉善目的老师站起来与我握手并自我介绍说他叫邹永贤，是学校宣传部部长。我一时愣住，邹部长怎会亲自找我？原来是投稿的事，邹老师把我们的材料画画涂涂，并做了一些记号，教我们修改增删。学校领导为了文章的事情亲自登门教诲，实在令人感动。我们的蒋绍进老师，是参加过地下党的老革命，教政治经济学资本主义部分。他学问渊博，讲课深入浅出，娓娓道来。他讲商品二重性，讲劳动价值论，讲价值规律，引导我们探讨未知领域。我们课堂提问，课外争论，他都不厌其烦地解答。他经常在经济刊物上发表文章，我们都快成他的"粉丝"啦。据说他把《资本论》拆开，一页页地细读，孜孜不倦。吴宣恭老师讲政治经济学社会主义部分，吴老师讲得很有分寸，能把各种观点分析对比，讲得通俗易懂，看得出他的知识面广，熟悉不同学派的观点。许经勇老师讲人民公社，他对农村农民农业很熟悉，思路活跃，讲课神采飞扬，声音洪亮还有些泉州腔，经常深入班级宿舍，和同学很亲近。如今他已80多岁还常发表论文，为发展"三农"建言献策，令人敬仰。当年的老师们风华正茂、年轻有为，历经半个多世纪的努力拼搏，如今都成了教授、硕导、博导、学科带头人，甚至是某一领域的学术泰斗。吴宣恭老师曾担任过厦大党委书记，前几年我经常在厦门经济师协会组织的会议上见到他，我向他请教不理解的理论问题，他也像当年一样耐心解释。

珍惜时光，勤奋苦读。我们住芙蓉二，这幢楼可容纳1000多人，有经济系、中文系、历史系的学生，宿舍集住宿、学习、讨论等功能于一体，有时班级或系级会议也在楼层中厅举办。上课没有固定教室，每天通常只上4节课，其余时间是自学。功课有"政治经济学""资本论选读""英语""统计""会计""哲学""东南亚经济"…… 多数是基础课程和公共课。大量时间自由支配，大家都雄心勃勃，争分夺秒努力学习，教室、宿舍、阅览室、海边、屋角，都有我们苦读的身影。同学经常钻进图书馆阅览室，

如饥似渴地研读与经济有关的书籍和刊物，我是每天起码熟读一篇，包括《经济研究》《中国经济问题》，以及各大学报中的政经类论文。

温馨集体，美好往事。我们1964级政治经济学专业57人以宿舍为基础分为6个小组，女同学只有5人住丰庭楼，也分别编入各组，开展小组活动。大家相聚一起，有时开熄灯晚会，东拉西扯，上至天文，下至地理，也有互起绰号，什么“阿乖”“金喇叭”“小胖子”……经常笑声不断、乐而忘睡。班级设有团支部，退伍军人肖同学任书记。那时候同学有什么问题或困难，主要是团支部负责做工作，有时也由班级唯一的党员张仕忠代表年段党支部通过谈心帮扶解决问题。这段美好时光，洋溢着温暖关爱。一位同学突患胃穿孔，住院手术，大家轮流看护，喂药喂水，连续几个日夜地守在病房。平时同学们也都是互相关心、互相爱护、互相帮助，温暖的集体带给我们许多欢笑和快乐。

艰苦朴素，勤俭求学。我们这些学生不少来自贫困家庭，都靠助学金求学。我每月15元助学金，伙食费控制在12元左右，其余的作为零用钱。同学们的伙食标准也差不多，一条巴浪鱼或几块肉片，一勺青菜、一块煎豆腐、一碗米饭，还有“爱国汤”，都成了我们的美味佳肴。满是补丁的衣服印证求学的艰辛，一条农家自织的被单伴我度过六载寒冬。那时深夜楼下叫卖扁食的叮当声，是挡不住的诱惑，偶尔会花上5分钱，买一碗热气腾腾的扁食慢慢享用，这些生活细节成了难忘的回忆，艰苦朴素也成了励志的动力。

走出校门历经半个多世纪的斗转星移、风云变幻，我们像种子撒遍天南地北、生根发芽、开花结果，我们像一块块砖头，砌到祖国建设大厦，成就时代辉煌。令人骄傲的是，同学们不管从事什么工作，都能勇于拼搏进取，不负时代使命，用责任与奉献向祖国、向母校深情告白。

算盘歌剧凝聚师生情

——难忘厦大经济系创作排演歌剧及其回响

厦门大学1964级经济系　严立仁

我从母校毕业后即到漳州市漳浦县工作，至今已超过半个世纪了。母校的记忆仍时常在脑海中回放：凤凰木依然火红热烈、五老峰依然挺拔雄伟、建南大会堂依然是南方之强……作为亲历者和见证人，有一件事特别难忘，就是厦大经济系创作排演的歌剧《红色算盘珠》，凝聚着师生情、专业情和革命情，飞越五十载，这一老歌的旋律还在很多人的心中回响。

创作迎会演

1965年春，是我进入厦大就读的第二个学期。学校党委宣传部发出通知，决定开展红五月文艺会演，除厦大艺术团的节目外，要求全校8个系每个系各创作排练一个节目参加，颇有比赛的架势。经济系对此十分重视，进行动员部署，要求每个班级创作一个节目文字稿，全系评选。我们1964级会计专业开班会，征求意见，我主动报名，于是任务就落到我身上。我认真构思，紧赶慢赶，创作出三场歌剧《红色算盘珠》剧本。剧情是，一名看不起打算盘而闹情绪的学生，通过学校与家庭教育，转而坚定理想，树立为人民服务的座右铭，决心献身于革命事业。剧本送到系里，被系党总支代理书记吴宣恭看中，于是脱颖而出，被推选为系里的节目。吴宣恭书记对剧本提出一些修改意见，安排统计专业讲师罗季荣帮我加工。罗老师是出名的笔杆子，人很谦和，记得他将主题

歌歌词仅改动一字，将“一把算盘”变为“一架算盘”。他与我商量对初稿进行修改提升，很快便定了稿，投入紧锣密鼓的排练中。

歌剧排练集全系之力进行，看得出系领导对文娱活跃的1964级会计专业尤其重视倾斜。我班刘久芳担任女主角，李振东扮演男主角的父亲（农民），张康乐、李大振的角色是同学甲、乙，许成宗参加谱曲和乐队伴奏。班上的团支书吴国耀、班长谢先文和文娱委员朱玉杯等均大力支持协助，拧成一股绳，朝气蓬勃。其他班级也很给力，据陈能涵学兄最近回忆：“我班韩源亮为主题歌作曲，乐队伴奏是冯天其、连宏良、黄石皎等，加上其他班的三弦、二胡、大胡、板胡、笛子等演奏，而我则担任伴奏乐队指挥。此外，还有系里其他同学担任字幕、幻灯、化妆、道具和布景等，这些工作均由系学生会组织实施。”会演在建南大会堂举行，经济系的歌剧排为压轴戏，放在最后一个演出，收获热烈掌声和好评，拔得了头筹。此后，这个歌剧还在建南大会堂演出了一次。

老歌再唱响

穿越半个世纪的沧桑，当年我们主创主演主唱的老歌，再次在厦大校园内唱响。“古稀登上晚会台，唱差唱好都精彩。一歌飞越五十载，当年雄心今犹在！”这是笔者参加厦大会计学科90年庆当天抒发的感怀。

2015年11月28日，我们1964级会计专业29位同学与1000多位系友一起，于上午参加了盛大的会计学科90年庆大会，并分批合影留念。下午，我们班到会的大部分同学到科艺中心排练合唱节目《我愿做红色的算盘珠》——歌剧《红色算盘珠》主题歌，准备晚会登台献唱。当时因建南大会堂维修，所以演出在科艺中心进行。

谈起这个合唱节目，真是一波三折，好事多磨。系里老师希望我们班上台合唱，但是时隔50年，大家还会唱吗？还能唱吗？而且同学分散各地，沟通不便，不能集中排练，演唱质量能保证吗？弄不好献唱变成献

丑，老脸往哪搁？有人提议干脆不要上，当然也有道理。问题是筹备晚会的老师很看好这个节目，说是一定要上，定为小合唱，能上台几位就上台几位，只要站上台就是一道风景。这样的邀请、这样的情义能够推辞吗？为了母系的华诞，怀怀旧、凑凑热闹，表达一份心意，我们理应当仁不让。在系庆的前三天，我联系了李振东、刘久芳、朱玉杯、颜长华等几位同学，大家都热心支持。于是我草拟了一份朗诵稿（因篇幅所限，朗诵稿略），用来为合唱做个铺垫。

从排练到演出，不到半天的时间。负责朗诵的朱玉杯同学很快进入角色，认真地背诵、推敲、修改，增添了“虽然算盘已完成了历史使命，红色算盘珠的精神仍代代传承、永放光芒！”等词句。担任领唱的刘久芳同学、担任指挥的颜长华同学积极组织大家排练。难忘的旋律，熟悉的歌词，一经激活，同学们仿佛又重回到大学时代。我们情绪高涨，学唱十分用功，仅仅排练一个小时，又上台与钢琴伴奏合练了两遍，就取得了不错的效果。厦大合唱团本来准备安排40位同学为我们伴唱，几位志愿者也表示要为我们后台帮腔，他们到排练场一听，认为老系友完全可以独立完成任务，不需要在校生帮唱，于是我们的信心倍增。

《我愿做红色的算盘珠》演出照

小小的算盘凝聚着会计人一生的情结，圆圆的算盘珠倾注着会计人不变的坚持。主持人报幕时说，昨天节目单在微信圈内一公布，这个合唱马上引起在校生的广泛关注，有人说光看题目就很激动了。紧接着，我们这批“70后”(70岁以上)出场，朱玉杯的朗诵声情并茂、铿锵有力，引来一次又一次的掌声。当年扎着辫子的女主角刘久芳，这次担任领唱仍保持着激情，音色中仿佛带有奶声，别有韵味。颜长华的指挥棒舞得有板有眼，颇有“大咖”的风度。参加合唱的同学个个挺起胸膛，气宇轩昂，随着指挥棒的舞动而引吭高歌。演唱结束，主持人把我们留在舞台上采访，称赞老系友充满青春活力。几位同学与主持人对话，气氛活跃。已当祖奶奶的苏进金对主持人说，90周年系庆前，她因为准备上台合唱，激动得睡不着觉。主持人说:“再过10年就是百年系庆，你们再来唱！”苏进金响亮地回答:“好！”全场报以热烈的掌声。

系庆虽已过去，激动仍在持续。感谢母校母系，感谢为我们筹划鼓劲的陈桦老师，感谢为我们钢琴伴奏的后起之秀林晨珺(2014级会计系学生)，感谢为我们忙前忙后的会计系志愿者。第二天，陈桦老师就给我们班微信群发来短信:“感谢1964级各位系友们对母系的关心和支持！这是你们班参演系庆节目视频的一部分，学院院长亲自为你们拍的视频，他坐在观众席第一排正中，拍摄效果真是棒棒的！我也拍了视频稍后再发给你们。”陈老师先后发来两则视频，使我们备受鼓舞。

余音乃回荡

毕业以后，我们1964级会计专业班级同窗情深，7次聚会，出版了4本纪念册。全班61位同学，绝大多数从事财会经济工作，后来一批人走上领导岗位或转行。大家发扬红色算盘珠精神，不忘初心，爱岗敬业，勤勉工作，各有建树。至退休时，全班有省、厅、处级干部近20位，高级职称20多位，无一人因贪腐等问题“出事”，不少人还继续发挥着余热。

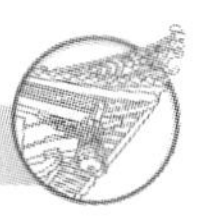

2011年我们班在厦门聚会时，当年的系领导吴宣恭、班主任吴水澎和辅导员陈旭华等参加座谈会，对我们班的活跃赞誉有加，其中对《红色算盘珠》印象颇为深刻。几年前，黄杰师兄辗转打听到我的联系方式，询问《红色算盘珠》剧本的底稿。他想以此作为小说的素材，我回答说我只保存有刊登在当年《厦大歌声》中的主题歌词曲，后来将复印件寄给他了。最近，与陈能涵学兄交流，他谈道："我用小提琴练习这首主题歌，感觉很好听。在与久芳同学微信聊天时，得知她女儿在厦门工作，外孙女已经大学毕业，业余钢琴达十级，便与她开玩笑说，如有来厦门会面，再请她唱主题歌，让她外孙女弹钢琴，我也练练小提琴，合作伴奏。久芳很赞同，表示自己还可以用高音演唱。"她说："这是个美丽的计划，您如果写一篇纪念回忆文章，肯定会增强计划的实现！"圆圆的算盘珠，老会计人一生的情结；老老的算盘歌，承载着美好的记忆。

一段特别的情怀

厦门大学1965级中文系　王金贤

一日为师，终身为父。

厦大有一张关爱学生、春风化雨、润物无声的温馨名片，你看过吗？他就是我们中文系6501实验班的班主任——王升魁老师。掀开尘封50多年的历史，他那雍容慈祥、和蔼可亲的面容，我仍然记忆犹新。他那时经常下班级、进宿舍、到食堂、叙家常的身影总是浮现在我们的面前。

有一年开学初，他在班级关切地说："据了解，有的同学家庭经济很困难，学校准备了一些蚊帐、棉被，需要的同学可以申请借用，毕业之后还给学校。"同学们喜出望外，拍手叫好。我上学离家之前，已出嫁的姐姐让出了被套，刚结婚的哥哥腾出了棉絮。向学校申请了棉被之后，我便把棉被寄回了家，解除了姐姐的过冬之困，全家高兴得难以言表。

不久，王老师在班会上高兴地说："党和人民非常关心我们青年一代的成长。家庭有困难的同学，可以申请补助，每月生活费14元，助学金3元。"听到这样的消息，同学们的感激之情就甭说了，我也写了申请。第二天，王老师找我谈话："你只申请生活费，其他开支家里能解决吗？"我说："14元已经够多了，中学时期，有时好几个月，我没花一分钱。"他说："现在不一样，生活用品、学习用具等还要花钱哟！"之后，我没再写申请，可班主任还是给我加了3元。古语说：在家千日好，出门半朝难。可我来到学校，比家里还幸福啊！

又过了一阵子，老师在食堂认真地说："不少同学，节约了伙食费作为他用。俭朴是好的，但你们的身体更重要，你们将来是国家的栋

梁、民族的精英，你们的身体坏了，怎么报效祖国，为国家贡献力量呢？所以，从下个月起，我们改为发饭票和菜票。只有健康得到了保障，你们才能完成祖国和人民交给你们的学习任务，将来为祖国争光。”对此，同学们纷纷称赞：“啊，我们的班主任，工作是多么细致，他真是爱生如子呀！”

恩师情深似海，母校恩重如山。后来我从教几十年，一直把王老师当作自己的楷模。如果人生能够再度选择，我还要拜王老师为我的老师！

一场病　三段情

厦门大学1972级化学系　陈震宙

1972年4月，经统一招生，我被录取进入厦门大学化学系催化专业学习。之前我是闽北顺昌县一位上山下乡知青，在农村经常参加修建农田水利、兴建水库、建设小电站等“技术活”，工作中的需求和自己能力的不足，使我产生了强烈的学习知识渴望。终于有机会成为著名的厦门大学的一位学子，我十分高兴，也十分珍惜这个梦寐以求的机会。

厦门大学优美的校园环境、优良的学习条件、优秀的教师队伍、来自全国各地的同学，都让我每天的学习和生活丰富、充实。

9月的一天，我突然浑身乏力，先是出虚汗，发冷发抖，无法去上课，就请假在宿舍休息，接着又发起高烧，浑身大汗淋漓，湿透了衣裳和被单。同宿舍同学下课后回来看到我的状况都紧张起来，我的上铺，也是我们的班长——来自四川的宋云华，马上和宿舍几位同学——来自云南的唐开元、来自广东的邓自强、来自福建的刘钢和黄瑞安等一起将我送到厦大医院。一测量体温，我发烧39 ℃多。经医生问询、检查、诊断、开药后，大家送我回来休息，又为我打水、买饭，忙活了一阵子。我服药后，第二天身体有些好转，便又和同学们一起上课去了。第三天，我的病情又反复了，浑身乏力、发烧头疼、发冷接着呼吸急促，班长和同学们马上再次将我送到厦大医院。这次医生对我进行了全面检查，详细询问了过往史，来自哪里、得过什么病、最近饮食等问题，并填发了血液化验单。血液检查结果出来后发现，我的血液中发现疟原虫，是疟疾。这病是闽北山区群众称为“打摆子”的一种病，好在它有特效药，在准确诊断、对症

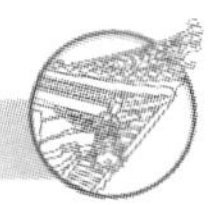

下药后，我的病五天后就痊愈了，我又可以和同学们一起上课了。

半个月后，厦大医院医生通过化学系办公室找到我。医生询问了治疗后的康复情况，了解我近几年的生活史，过往病史等，并做了记录，填写了一些表格。医生告诉我，我得的是间日疟，这是一种传染病，通过疟蚊传播，间隔一天发作一次，反复发冷、高烧，对人的健康影响很大。发病时，服用药物会一时控制病情，但血液中的疟原虫不会彻底消失。医生还嘱咐我一些个人防护和注意事项，并告诉我，厦门是闽南海滨城市，这里气候比山区暖和，一般也没有疟蚊，所以也不用紧张。彻底灭杀人体血液中疟原虫的适合时期是在冬季，厦大医院已为我登记，当年冬季适当时候医院会安排为我进行一次系统的治疗。

我在闽北山区当知青时期，也偶得疟疾，故对它还是有一点了解。来到厦门，环境变化了，基本没有听到疟疾，所以自己发病时就没有联想到疟疾，只当作是重感冒。这次厦大医院的医生精确诊断、精准用药，很快就药到病除，还为今后彻底消灭我体内残留疟原虫做了周密考虑和安排。学校这种保证学子身体健康的关心爱护，让我感到能成为厦门大学的学子是一生莫大的荣幸，使我不由地感到了心中热、身上暖。

那年12月底的一天，厦大医院给我发来书面通知，请我三天内到医院复诊。我按要求持通知单到厦大医院就诊，医生热情接待了我，并详细询问我这一段时间的身体状况，查看病历和登记的材料，再次做了相应检查。医生向我解说了这次杀灭疟原虫医疗方案，并交代用药时间、方法和注意事项。经过一个疗程的治疗，医生帮我顺利根除了身体中残留的疟原虫。从那以后，我再也没有发生过类似的病症了。

在厦大三年半，我顺利完成了学业，是母校教给了我知识和技能，还给了我健康和快乐。一次看病、三段经历，让我终生难忘！感恩母校，感谢厦大医院！

“三角梅”的无悔“青春”

——回溯1988届厦大毕业生筹建雕塑的难忘历程

厦门大学1974级经济系　陈爱京

驻足或流连于碧绿的芙蓉湖畔的学子和游人，都纷纷发现了树荫间那抹跳动的红色。青年学子对于这一新事物的疑问，把我带回了关于这座雕塑更早的回忆。

关于这座名叫“青春”的雕塑，曾有一个名叫“火红的三角梅”的前生。

1988届毕业生，这群热情似火的孩子，有一个小小的愿望，那就是留给学校一件永久纪念的礼物，青春的热情化作了一句踏实的志愿：“我们希望留给学校一座雕塑，一座属于学生和这个校园的雕塑。”1988届毕业生，在1987年初成立毕业生联合会，发起了这个行动。

当时，学校还从未有过学生捐赠雕塑的先例，而这一行动关乎学校建设规划。校方基于大局考虑，对学生的这份热情持保守态度。时任厦门大学人事处领导的我，在毕业生热切的眼光中看到了同学们对母校的留恋和依依不舍的牵挂。我始终认为学生的心意是难得的珍宝。于是，我主动站出来支持学生这一创举和难能可贵的心意，尽管这新添的一处雕塑景观并非学校原有规划之设计，但相较之下，校园的楼宇易逝，真情永驻同学们心间才更源远流长。在我的主动争取和倾心说服下，校领导纷纷转变了看法，接受了学生的雕塑，转而考察筹建雕塑可能遇到的实际问题。

学生们遇到的最大难题是经费。雕塑预算1万多元，这笔开支在

当年绝非小数目。预计到学生们的筹资可能遇到的困难，在当年校领导召开的雕塑建设评审会上，为了帮助学生，我主动提出：“后面的资金如果有缺乏的话，我愿意从工资拿一些钱出来跟学生合作，将这个雕塑做起来。此外，我也可以号召人事处全体同事都筹集一点钱来，帮忙补足学生捐资不够的部分。”资金的问题得到圆满解决后，雕塑的设计得到了当代著名雕塑家李维祀教授的支持。在得到学生保证在毕业前建成雕塑的承诺后，这个雕塑建设方案最终得到校方的认可。

经过艰难曲折的争取后，欣喜的同学们热心地积极奔走协调各方，最终“火红的三角梅”在他们离校前建起来了，学校还举行了一个十分隆重的落成仪式。三角梅作为厦门市花，它代表了一种纯洁、热烈、爱恨分明的炽热情感；三角梅其花微小得让人觉得那是蕊，叶子灿烂得貌如花。厦大所有1988届毕业生每人捐人民币2元，集资加上一些企业、老师筹集的赞助捐款，玻璃钢材质、红色三角梅，伫立在外文系大楼门前。有趣的是，很长时间，很多人认为三角梅雕塑是外文系的。据我所知，外文学院的师生也把它视为自己学院的一部分，悉心维护。当年那朴实无华的“火红的三角梅”正是青涩的初出茅庐的学子最动人的真切的写照。

故事还没有结束。根据2005年学校统一规划，为建设科学艺术中心不得已拆除了旧的“三角梅”雕塑。当年的学生，他们在得知这个消息后，重新争取了学校支持，他们仍然如年少时一样坚持不懈，又重建了雕塑。过去朴素青涩的“火红的三角梅”转而成为耀眼的新雕塑——“青春”，这同样在学校领导的支持下，由校友捐赠建设。

当年的青涩小伙子、小姑娘，如今已奔忙在各自的岗位上，这些我过去的学生们，如今有的是成功的企业家，有的是负责任的政府官员，有的是博学多识的科研能手……抛开各人身份的不同，他们身上仍旧流淌着心怀母校的感恩的血液。当年由“三角梅”设下的情缘，化作了如今伫立的灵动壮美的“青春”雕塑。新的“青春”代表了青涩的大学生已经

成长成熟，并开始为社会、为母校作出巨大的贡献。

“青春”雕塑，优雅，释放出年轻、自信、智慧；透彻的色彩，干净、热烈、喜气、张扬；造型灵动，五片三角梅叶片贴心起舞、和而不同。听“青春”的脉动，体悟传承和担当，这是青春的加油呐喊。

曾将23年最好的青春年华献给厦大的我，每当看到这座新的雕塑，就像看到1988年的“火红的三角梅”一样，它是一个时代的印记，是一个时代的学子的成长纪念碑，这份成长最令我感到自豪和骄傲。他们走出校园，为祖国为党的事业奉献青春的身影，是回响在我心中最动人的乐章。

（本文选自厦门大学校友总会网站“群贤文苑”栏目，收录时有删改。）

黄希哲老师纪事

厦门大学1976级外文系　潘志恒

前几年我的大学老师黄希哲偕同师母，由厦门经广州转机回澳洲，在穗小住3日。10年不见，黄老师依然身体硬朗，精神矍铄。虽是年过80的老人了，但老师谈笑风生，风采不输当年。老师和师母已回到澳洲，但其朗朗笑声，似仍萦绕在耳边不去。而黄老师30多年前在厦大讲台上生动形象，似又浮现在我的眼前。

我是最后一届工农兵学员，偶然的机缘使我进入外文系学了英文。但我们这些来自各行各业生产一线的学员，有些同学连英语26个字母也认不全，学习的困难可想而知。但甫一入校，就听高年级学员介绍说有一位黄老师，为了让学生开口说英语，正在课堂上排练英语话剧。在那个特殊的年代，老师头上"臭老九"的帽子还未完全摘掉，工农兵学员"上大学，管大学，改造大学"的"使命"也未完全完结。专业学习的风气虽已开启，"白专道路"的阴影仍未去除。面对全然陌生的英文书，大家的心既茫然忐忑，又难耐求知的热望。黄老师首创的"话剧教学方法"，让工农兵学员自编英语"革命剧"，既免除了人们对"白专道路"的恐惧，又大大提高了学员们的听、说、读、写、译的水平。英语话剧的对白可简短精练，也可复杂冗长。黄老师自做导演，根据不同学员不同水平分配"创作任务"和演出角色，意在让大家能在编剧过程中学会写和译，在演出过程中学会听和说。这样的学习方法足见黄希哲老师的用心何其良苦！记得有一位从ABC起步的同学，在黄老师的英语剧里分到了一个只有三句台词的角色，也高兴得手舞足

蹈。我们这些特殊的学员，经过黄老师这种特殊的训练，终于也都掌握了基本的英语知识，许多学员日后都成为对外经贸战线上的杰出人士。永远也忘不了当年囊萤楼里，我们笨拙的发音在黄老师不断的纠正下，渐渐变得抑扬顿挫、铿锵有力；我们可笑的"剧本"对白，在黄老师的修改下，变成了规范、流利的英文。黄老师的话剧教学方法，使我们这些"工农兵"不再是"工农兵"，而成为大学毕业生。

大学阶段，黄老师平易亲切，同时，他在我心目中的形象也十分高大。我和黄老师成为忘年之交，是大学毕业以后的事。记得那是1981年，毕业后留系任教的同班同学陈锡安不幸患上了严重的尿毒症。在当时的医疗条件和经济状况下，锡安同学对自己几乎不抱希望。黄希哲老师得知这个情况后，第一时间赶到锡安家里，鼓励他，安慰他。黄老师一方面遍寻名医名方，另一方面和同期留系任教的高亮同学商量，立即给全国各地的同窗学友去信，及时发起了捐款活动。当时治疗尿毒症的最新方法血液透析刚刚引进，治疗费用非常昂贵，但在黄老师的带动下，我们全班同学都向陈锡安伸出了援助之手。记得当年大家每个月的工资都只有七八十元，而且不少同学刚刚成家，但短短十几天，捐款就筹集了几千元。当时广州同学的捐款由我收集，跟黄老师的联络工作也是我来做，黄老师的慈悲胸怀，黄老师对学生的关爱，都让我感同身受。而陈锡安同学在大家的鼓励和帮助下，经过几年的治疗，终于战胜了病魔。所以锡安总说，黄希哲老师是他的救命恩人。从那以后，我跟黄老师就有了密切的书信往来。当年我总想摘掉"工农兵"的帽子，写信告诉黄老师想报考母校的研究生，但读什么专业拿不定主意。黄老师来信仔细分析了我的长处和短处，优势和弱项，建议我报考法律系国际经济法专业，在黄老师的鼓励下，1983年，我如愿以偿，考上了国际经济法专业研究生，重新跨进了厦门大学的校门。此后3年，我得以与老师紧密接触，成为无话不谈的忘年交。

黄老师来自一个宗教背景浓厚的知识分子家庭。他毕业于英国长老会创办的教会学校厦门英华中学，后考入厦门大学英文系。在厦大读书期间，他就兼任当时英华中学校长的助理。大学毕业后，他得以留校任教。他的悲悯情怀，他的博爱精神，他对学生的无私付出，和他的家庭背景以及求学环境息息相关，但更多的来自他个人的修为。我读研期间，黄老师住在厦大西村，几乎每一个周末，我总是急急巴巴地往老师家里去——关于专业学习、关于学生社团、关于生活的方方面面，总是有一大堆话要跟老师交流；还有一个更主要的原因，师母的冰糖银耳羹，正等着垂涎欲滴的我呢。读研3年，数不清喝了师母多少冰糖银耳羹。从那以后的岁月里，在我的感官世界中，西村的空气都是冰糖银耳羹的味道。而黄老师，也经常和我分享他的喜怒哀乐。记得有一次，他美滋滋地告诉我，外文系对刚刚毕业离校的学生进行教学质量的回访，结果他的口碑名列第一，成为最受欢迎的教师之一。这时候师母却给他泼了瓢冷水："年终系里评选优秀教师，你黄老师名落孙山了。"黄老师却淡淡地说了句："我不争那个，公道自在人心啊！"我也替老师不平，但黄老师反过来劝我，人生要经历的风风雨雨多着呢，要往前看，往大处看，不要太计较一时一事的小得小失，这样才能成大器，成大材。老师的教导，一直陪伴着我，穿越人生的沉沉浮浮。接下来的一学期，黄老师主管青年教师出国培训工作，以骄人的成绩为厦大争了光。当时全国只有为数不多的几所重点高校分配到稀少的出国名额，而不少学校还因为通不过外语考试眼睁睁让兄弟大学抢走了宝贵的资源。值得骄傲的是，黄老师教出来的青年教师，通过率居高校之首。那时候，黄老师工作的热情特别高，说话声如洪钟，笑声朗朗，清癯高大的身影总是来去匆匆。

一晃3年，我顺利地通过硕士论文答辩，告别老师和师母，离开了大学校园。几年之后，黄老师偶得机缘，远赴澳大利亚任教，直至退休。

旅居澳洲近20年，黄老师和师母始终念念不忘厦大。前几年，厦大

试行海外招生，黄老师联系了当地好几所高校，发动校友出谋划策，为母校不遗余力。近年，老师和师母亦常常回厦大小住，他说年纪愈大，愈割舍不下故土和母校了。

（本文选自厦门大学校友总会网站“群贤文苑”栏目，收录时有删改。）

那年我走进厦门大学

厦门大学1976级哲学系　张荣仁

翻开厦门大学《哲学集刊》历年毕业生名录，豁然映入眼帘的是1976级政治理论班（“社来社去”），全班有56位同学，“社来社去”是在全国高等教育招生之前特定的办学形式，它是这段特定的历史产物，它是我人生旅程的起点。我有幸在厦门大学度过人生最好的时光，得到老师的栽培，在这里受到校主“自强不息，止于至善”的滋养……

绵绵的思绪，带我回到40多年前在厦大理论班求学期间，是母校给予我们成长的力量，大家对母校依依眷恋，那时有我们对青春岁月的无悔追求，有对同窗好友的无尽牵挂。曾记否？美丽的厦门大学，在上弦场上，有我们运动的脚步；钟鼓山隧道（那时人防洞清理土石渣），有我们劳动的欢歌；五老峰树荫下，有我们的琅琅读书声；胡里山炮台附近的“海防哨”，有我们的飒爽英姿；厦门大学原职工食堂的二楼（理论班）宿舍，有我们伏案挑灯的身影；图书馆、教室的每一个角落，有同学们对知识不倦追求的目光。

厦门大学是我塑造人生的起点，我在这里收获了知识和成长；厦门大学赋予了我施展抱负的舞台，我在这里收获事业与幸福。我们秉承“自强不息，止于至善”的校训，在各自工作岗位上，作出积极贡献，以不平凡的业绩报答母校厦大的栽培。

母校开放、民主、包容的文化，激发我们奋进，给予我鼓励。有几件事始终萦绕于我心中，难以忘怀。在那个时代，“社来社去”政治理论班，跟普通班不一样，毕业后不是按国家统招分配，而是哪里来回哪里去，农

村户口的毕业后还得转至原农村，无法通过到厦大求学来实现“农民”至“居民”的华丽转身。因此，1977年恢复高考时，即将于1978年7月毕业、面临找工作的我们对前途和未来感到迷茫和惆怅。当时，有同学提出回去参加高考，詹石窗、吴亚松、周志达和我便正式递交申请书给哲学系，要求提前毕业回去报考1978年高考。这件事，我们的恩师(当时我们班的辅导员)郑通涛，以及时任哲学系主任邹永贤、书记罗芬，特事特办，立说立行，及时把情况反映给了厦大党委及组织。我们的申请获得了学校批准，得以参加1978年7月的全国高考。不过，我们4人中，只有詹石窗有缘上了厦大录取线，又回到哲学系，开始了4年的学习生活。我这次高考落榜的经历，对我也是一种磨炼。1978年7月我拿着厦大的组织介绍信，记得上面写着：“××县教育局，××同学，在我校学习期满，准予毕业，请予安排。”就这样，我到中学任民师，领着每月26元的工资，承担政治课的教学任务。

1980年，福建省为了贯彻落实国务院批转教育部《关于普通高等学校“社来社去”毕业生分配问题》的精神，通过全面考核择优录用“社来社去”各类毕业生。经组织考试，我们理论班考试分为两项：到厦大考专业课“中共党史”“哲学”“政治经济学”，参加福建省人事厅出的考试科目“中文写作”“政治理论”两门。我们班同学参加这次录用考试，成绩都达到录取线，大部分转为正式教师，终于解决了后顾之忧。大家成了学校骨干，有的转行当干部，尔后，大多成了县、乡科级干部，或成为当地市、县领导。

1980年12月，经考试、考核，我被录用分配在党校从事政治经济学教学。

回想这点点滴滴的时光，这几件事记忆犹新。母校的关心与厚爱，铭记心中。开放、民主、包容的风气，哺育我们健康成长。它将成为厦大哲学人代代相传的集体记忆和精神财富。

那年住院的日子

厦门大学1977级外文系　林莹如

1978年2月，作为“文革”后恢复高考、改革开放后的首届学子，我们从祖国四面八方来到依山傍海美丽的厦门大学。四年寒窗，勤学苦读，恩师教诲，同学情义，仍历历在目，永远不能忘怀……

大学生涯的故事回忆起来三天三夜也说不完。

我最难忘的是我生病住院的一件事。

1975年我高中毕业，为争取选拔上大学的机会，我义无反顾地去农村“插队”，这是那个时代上大学的唯一途径。在农村生活了两年半，我吃了好多苦，但劳动表现好，跟农民打成一片，1977年我加入了中国共产党。我是外文系英语专业仅有的几位中共党员之一。在同学眼里，党员似乎是另类，他们给我取了个绰号叫“Party”，我觉得他们这样称呼是对我的一种取笑，觉得在他们眼里，党员学习成绩一定不咋地。舍友来自北京、南京、福州等城市，她们上学之前有的担任过国家大型项目口译，有的是外国语大学附中毕业生，有的担任过中专或中学英语老师……舍友谈论文学话题，我一句都不敢啃声，因为我普通话不准、英语口译能力几乎为零，文学书也看得少，甚至无法用普通话连续表达一段内容。我感觉自卑，暗自下决心要加倍努力，争分夺秒。于是，每每深更半夜，我总是最后一个回到宿舍。

当时全校女生住在同一栋楼里。我们每天除了上课、自习以外，还要排十几个队。因为厦大当时严重缺水，每间宿舍门前摆着8个水桶，大家每天都要提桶接水以备洗漱，去晚了就接不到水。洗衣、洗澡、上厕所、打开水、食堂买饭都要排长队，每天还要在大课之后尽快拿书本或书

包放到大教室抢占晚自习座位，去晚了没座位。食堂饭菜也简单，巴浪鱼、煮肉片加一点蔬菜，两毛多一餐，四年不变。我每天像打仗一样，争分夺秒，经常过了吃饭时间才想起来自己今天还没锻炼，于是就匆忙去操场跑步，然后冲到大教室占座位后赶快到食堂吃饭，经常没饭或吃凉饭菜；饭后再赶到大教室晚自习，熄灯后又跑到路灯下继续学习。日积月累，大一那年有一天我在大教室自习时，突然昏迷晕倒，一位同学发现后一路背着我到厦大医院。检查结果是胃穿孔，出血过多造成休克，医生决定给我输血400毫升，并要求我住院治疗。

我怕爸妈担心不敢告诉他们。在厦大医院住院20多天。前期医生叮嘱卧床休息，不能下病床，吃喝拉撒睡都在床上。我很不习惯，心急如焚、情绪低落。同班陈扬光、倪明、庄小瑛、刘刚等10来位女同学日夜轮班到医院照顾、安慰我。她们抽出宝贵的时间，陪护我生活起居，还给我带来课堂笔记，跟我讲老师上课的内容。有一天，我听到病房门口有两位男生说话声音，他们在门口互相推辞，不好意思进来，后来我发现他们是给我送来了一件厚厚的军大衣，同学之情让我倍感温暖。

卧床10多天后医生同意让我下床，可我突然发现自己居然脚下轻飘，不知道怎么着地迈步，洗手间十几米距离走了半个多小时。我心想，自己怎么20岁就残废了，顿感悲观。但是，同学们的安慰，无微不至的关心，给了我战胜困难的勇气和信心，于是我每天慢慢增加步数进行康复训练。出院后，当时的系支部书记刘珍馨老师带我到外文系食堂，交代一位炊事员说，这一批学生非常宝贵，是国家重点培养的人才，这个同学胃出血治愈刚出院，需要每餐吃面条一段时间。此后，那位炊事员每天都为我煮面条，每次我一进食堂，不论有多少人排队，他都能一眼看到我，再把面煮好后端到面前。每天两餐，天天如此，他从没有忘记，而且煮得很可口，我居然吃了两个多月面条都没吃腻。由于同学的精心照顾、刘书记的关爱和食堂炊事员煮的面条，我恢复很快。

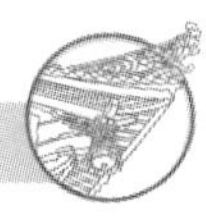

住院期间，感觉自己的肉体经历一场磨炼，精神经历了一场洗礼。扭转了同学对我称呼“Party”的偏见，感受到同学们的真诚。从此，我克服了自卑心理，倍感自己肩负重任，下定决心不辜负老师和同学的期望。从那以后，我特别注意合理安排饮食和学习，加强锻炼，暗自下决心，不要因为四年苦读累垮身体。在校期间，我连续四年担任副班长，担任学生党支部副书记、系学生会学习委员等，四年里每月为同学做一些事务性工作，领发奖学金、购买饭菜票，从没有怨言。大二时我获得外文系女子乒乓球赛冠军，大四时挑战长跑，获外文系女子800米长跑第一名。校级田径赛上，与其他系的长跑高手角逐，荣获全校女子800米长跑第八名。每一次比赛，总有一帮同学在旁边为我加油喝彩；长跑结束后，总有同学助跑后慢慢停下，免得我突然停下摔倒。同学们待我很好，都为我能够恢复健康而感到高兴，从大三开始，我各科成绩都名列前茅，两次被评为校级“三好学生”。如果我得病住院期间，没有得到学校老师关心、食堂员工以及同班同学的精心照顾，我的意志可能消沉下去。

从厦大医院出院后，我再也没得过胃病。胃穿孔不是大病，但若当时治疗和愈后调养不当，可能使我终身受胃病折磨。在学校住院的经历增强了我战胜困难的毅力，健康的心智也为我后来参加厦门航空创业工作奠定了基础，帮助我为开创福建省航空事业先河贡献微薄之力。同学的情谊、恩师的关怀都使我终生受益。厦门大学是我汲取知识的宝库，更是一个温暖的大家庭。

前些年，我们留守厦门的同学一起去看望了刘珍馨老师，80多岁的她身体还硬朗。40多年过去了，她还认识我，还能说出好多同学的名字，她还是那样和蔼可亲。

我感恩改革开放，感恩母系、母校对我的培养。师生同学一场，情缘一生一世。值此母校百年诞辰之际，祝愿母校再创辉煌，祝愿敬爱的老师和亲爱的同学们健康快乐每一天！

老朱的婚礼

厦门大学1977级中文系　刘生福

一觉惊醒，天仍朦胧。我极力想睁大眼睛，仍看不清此时是几时几分，全宿舍都还沉浸在一片浓浓的睡梦中。今天是本组老大哥——朱水涌结婚的大喜日子，我们大家约好要到他的家乡同安马巷（现为翔安马巷）去庆贺，昨晚有几位同学就已兴奋得不想睡觉，说要打扑克通宵，但此时他们一个个早已躺在床上“一梦到辽西”了。

突然，“笃笃笃”三声低沉的敲门声从黑暗中传来，紧接着，一阵细细的喳喳声又随晨风从门缝中渗入：“怎么回事？到底要不要去？”我竖耳仔细一听，是本小组女同学詹心丽、骆伟英、李盈三人，她们正在门外低声质问我们怎么还在床上睡觉！原来，昨天大家约好今晨5:00在芙蓉二楼前集合，然后一起乘车去马巷，没想到女同学们都很守时，在楼下等了很久不见有人下来，又不敢大声喊叫，三人便战战兢兢地摸到楼上来。这么一大早就有女同学出现在男宿舍楼里，就像在深夜里出现一样少见。我这一惊非同小可，马上招呼大家：“有情况，快起床！”伍林伟动作迅速，一边披衣一边出去解释，其他同学也纷纷夺门而出，不一会儿，我们就全都在楼下聚齐了。

片刻，一辆敞篷解放牌大卡车亮着两束光柱疾驰而来，这是本小组老杨向熟人借来的车，本来让司机送我们到马巷再回去上班，没想到司机误点，怕回来迟到，只把我们送到同安县城车站就再也不肯往前走了。幸好车站负责人像菩萨，当他得知我们是一群厦大学生，又是去参加同学的婚礼，就大发慈悲，临时叫醒司机，安排一辆加班车，这才把我们一

行17人送到了马巷。距马巷镇两三里地有个不大的小村子，村里一派田园风光。一座座小庭院式的矮房依次排开，红瓦白墙，一棵棵龙眼树正开着白色的小花。在一株大树下，有一座喜气洋洋的新房，门栏上贴着鲜艳的门联，大人小孩进进出出，一阵忙乱。这就是同学老朱的家。老朱今年32岁了（据说女方的年龄和他相仿），当年老朱回乡当民办教师时，就已认识了在大队当赤脚医生的现在夫人。他们俩冲破世俗障碍，互相鼓励，感情深厚，老朱刚入学不久因胃出血住院，女方不辞辛苦，细心照顾，使老朱很快就康复出院；而老朱也不因自己考上大学，身份变了就另有新欢。在校、系的关怀下，经批准，老朱可以在校读书期间结婚。今天有情人终成眷属，我们就是来这里参加婚礼的。到了，近了，在旭日的映照下，新郎官——老朱满面红光地站在门口迎接我们。他今天穿着一件米黄色夹克式的拉链上衣，笔挺的西裤下穿着一双锃亮的猪肝色皮鞋，显得更加年轻，容光焕发。虽说我们大家同在一个班级、一个小组、一个宿舍，彼此十分稔熟，但他还是按照礼节，笑容可掬地和我们一一握手，将我们迎进屋里。屋子是典型的闽南老厝，分上下两进，中间是天井，上进中间是客厅，厅中摆放着几张八仙桌，下进两旁是厢房，靠大门左边贴着大红喜字的就是新娘房。我们这群同学一进门，招呼也不多打一声就一头闯进新娘房里去，相拥着坐在新打的木沙发上，目不转睛地欣赏起新房里的摆设来。这里的一切都是新的：门侧立着一个一人多高的立体大衣橱，镶着银镜的橱门映照出一张张活生生的笑脸；一张半洋式的流线型书桌，娴逸、端庄地偎在橱边；土洋结合的木床上，金碧辉煌，雪白的蚊帐，鲜红带花的帐帘，荡漾着微笑，新被、绒毯有花纹状地折放着，四个既大又新的双人枕头成对称布局排列着。南面洁白的墙上，挂着我们全组同学敬送的大镜框：湛蓝的碧空下，絮絮白云萦绕青山，四只白鹤悠闲地站立在翠松青岩上，一幅多么美妙的松鹤图！书桌上，层层叠叠地摆放着亲朋好友送来的衣服、布料和绸缎，中间还杂放着我们送

的“飞马牌”过滤嘴香烟，“味美思”上等好酒以及老朱在植物园花圃工作的女同学送来的鲜花和一台市面上并不多见的走私双卡三用机。啊！在这小小的天地里，汇集了人间一切美好的愿望，朋友的祝福，情人的匠心……

参观完新房，几位同学见时间尚早，就在客厅里摆开了战场打起扑克来，伍林伟等人在邓丽君“靡靡之音”的诱惑下，屁股一扭，情不自禁地跳起了快三、慢四舞。心丽、李盈等女同学余兴未尽，拉着新娘子左盘右问，不一会儿工夫，她们俨然已成了相识多年的老朋友，此时她们正在一旁叽叽喳喳地谈论着她们的私房话呢。新娘子今天穿着一件红色的西装外衣，里面套着一件半高领黑色毛衣，红与黑之间，缀着几朵小红花，显得那么地恬静；略微尖削的下巴，莞尔一笑，露出青春的美丽，真是出水芙蓉，亭亭玉立，谁说是“村姑”？瞧她是多么的有风度、有涵养，就连平时议论同性最苛刻的女同学在刚一进门都会脱口而出：“哇！很漂亮呢！”此时，脸映红霞的新娘子被我们几位颇有外交天赋的女同学哄得心里暖烘烘的，最后竟欣然地答应她们的要求，把她自己最满意的嫁妆也都全部抖搂出来。只见她打开一只很大的皮箱，露出里面的金银首饰，绫罗绸缎，白色的确良布和草色呢子布……女同学们啧啧称赞，目光久久不愿移开，直到客厅里响起了热烈的欢叫声，她们才恋恋不舍地出来。

客厅里此时围聚了许多人，有我们的同学，有老朱的亲友，也有左邻右舍的乡亲。我们全体同学就地召开了一个小型的庆祝会，有吟诗的，有唱歌的，男女同学还结对跳起舞来。村民们从未见过这样的场面，乐得合不拢嘴，小孩子拼命往前挤，邻家的闺女们又羞又爱地半遮着脸，神魂早已不知飞到了哪里。最后在大家一阵阵的热烈欢呼声中，新郎官被迫来了一首《敖包相会》，这场庆祝会才宣告结束。

中午12:10，等待已久的婚宴开始了。这一餐，对于我们这些久餐

文史食堂的人来说，实在是太丰盛了。马巷地处闽南沿海，生活水平原来就高。加上婚庆喜宴，其豪华程度，不必赘述。今天新郎宴设三席，主桌是当地公社的领导和老朱当年任教的学区领导，第二桌是会喝酒会猜拳的客人，有我们的同学，也有主人的朋友，第三桌是女同学和不喝酒的朋友，我虽不会喝酒，却也被安排在第二桌里。有趣的是，这第二桌的“桌主”看来是个酒鬼，刚刚倒满一杯“味美思”，他就按捺不住，一边劝说大家“随便喝一点，随便喝一点”，自己就脖子一扬、杯底朝上，满脸陶醉状。事后证明，此人果真了不得，不仅酒喝得好，拳更是猜得好，是新郎官特地安排在此鼓动气氛的。大家落座已定，随着一阵鞭炮响起，几位村姑翩翩而上，手里托着、端着、捧着，上菜了。这一席下来，头尾3个多小时总共24道菜，其间有序言、有高潮、有收尾，半途还有小憩，除了天上飞的外，凡地上、海里的美味佳肴，全都端上来了。先有炒的、炸的、煎的，后有炖的、煮的、蒸的，鸡、鸭、鹅，鱼、蟹、虾，同安封肉、海蛎煎、年糕、甜点、甜汤，还有“味美思”、“山芋补酒”、农家酿酒，这边你来一个“哥俩好”，那边我来一个“八匹马”，劝酒声、猜拳声，此起彼伏热闹非常。这一席真是让我大开眼界，也撑坏了肚子。啊，原来结婚是这么美好，婚礼是这么热闹。你看新郎官老朱，脸色更红润了，眼睛更有神了，精神头更足了。啊！祝愿你们，新郎、新娘！祝你们白头到老，祝你们生活更加美好！

下午4时左右，我们这一行十几个人才跌跌撞撞地沿途拦车，陆陆续续地回到了学校。

白城哨所

厦门大学1977级化学系　刘裕明

看到郑启五校友写的回忆1958年“金门炮战”的文章，其中说起了白城哨所和站过两次海防哨的故事。我也站过两次海防哨，迄今记忆犹新。

那是在1978年读大一的时候，虽然我已经记不得一起站过岗的同学了，但是站海防哨的经历却终生难忘。第一次站海防哨，在白城哨所过夜，真枪实弹，统一口令，感觉真好，很是威风。但轮到我站岗时还是有些紧张，我只分到了五发子弹，全上膛了，感觉少了一点，担心不够用。记得当时我的眼睛总是盯着海面，严防“水鬼”上岸。站岗时突然听到声响，我下意识飞快地举起枪对着响声处，却发现原来是海风吹着铁门的撞击声。

第二次站海防哨时出现了个小插曲。我们刚到哨所不久，有其他班的同学也端着枪来哨所。或许是安排重了，所以他们只能打道回府，留下的我们可高兴了，好像打了胜仗似的。

我住的芙蓉一宿舍有一间武器库，有几百支半自动步枪，这也是厦大位于前线的特色。

有幸成为1977级中的一员，我们都很珍惜来之不易的学习机会。当时以学为主，兼学别样。我也和同班同学一起去挖过防空洞，里面可以容下几千人。防空洞内通风很差，运送挖出来的岩石的车辆尾气很快把同学们熏黑了，可大家顾不上这些，干得很欢。

还有学农和学军的经历也令人难忘。我去过学校集美农场插秧，知青出身的同学中有不少好把式。在学校安排的建水库劳动中，同学们个

个都是干活的能手。对于为什么要军训，那时个别同学还有些不满情绪。当时对越自卫反击战正酣，作为储备的民兵，需要随时听从国家的召唤，必须无条件服从，参加军训。后来我们年段又安排了一次民兵打靶训练，不记得为什么我没有参加。

带枪的1977级化学系大学生民兵

昔日去过前线广播山下的沙滩靶场变成了美丽的游览胜地。海峡两岸希望和平，煅弹片为菜刀。1979年元旦，《告台湾同胞书》发布，同时宣布停止炮击金门等岛屿，白城哨所也完成了它的历史使命。旧址上建起了壮观的环岛路，每次回母校，我都会去白城沙滩走走，寻找哨所的位置，回味当年站岗放哨的感觉。

我经常欣赏同饮家乡水长大，又一起考上厦大的巧萍同学拍的照片，白城沙滩的各种美景，特别是照片捕捉到的日出，五光十色，千姿百态，美不胜收。

厦大往事

——普及交谊舞

厦门大学1977级中文系　许闽峰

2018年2月21日，厦门大学1977级、1978级中文系同学返校，共同纪念恢复高考暨入学40周年。恢复高考，彻底改变了我们这代人的命运。记得那时我高考完后在知青点焦急忐忑地等待，就在近乎绝望时，“录取通知书驾着彩云飘来”（温再兴同学诗句），欣喜若狂、欲放歌纵酒，我成了时代的幸运儿。跨入厦门大学是1978年的春天，从农村到大学，我面前展现了一个璀璨斑斓的新世界，看什么都觉得新鲜，经历的许多事都是第一次。上课学习、社团文体活动，加之身处福建前线厦门岛，多了一些外校大学生所无法体验的独特经历。如今回忆起来，我都如数家珍。当天下午，我独自一人去看了当年的教室集美楼、宿舍的芙蓉楼和打篮球的水泥场（已不在了），犹回当年。学校已然不再古朴。徜徉厦大，往事历历。隔日因公务匆忙离鹭，但对母校的思念之情始终萦绕心头，遂记当年事，借以纪念我们共同记忆中难忘的那段青春时光。

大一下学期，思想解放的7701班学生会敢为人先要教同学们跳交谊舞。中文系任性，常独领风气之先。如欲考证那时中国哪所大学哪个系领交谊舞风骚的话，厦大中文系肯定有一席之地。首次教舞是在某个周六下午芙蓉二后面的文史食堂，把餐桌餐椅移开，三四十名男女同学围坐。记得女教官是叶之桦、李萍、王岚，男教官芮菁。那天教的是最初级的交谊舞，慢三，“蹦擦擦、嗦哆哆、咪嗦嗦”之类的节奏。跳舞可是新

生事物，想到男女同学间要有肌肤接触，既向往又胆怯。芮菁教官“杀熟”，拉我下水，我半推半就。先是脚步，后是手上动作，好在我有音乐和篮球基础，悟得要领；大家纷纷被教官们拉下水了，手舞足蹈、兴致盎然；教官再忽悠男女同学手拉手合练，竟也水到渠成，羞涩感全无。舞后很多人显然意犹未尽，直问下次何时。那时我们7701班共95人，女生只有19人，她们成了舞伴之珍稀宝贝，深受呵宠。再次培训，全班基本被普及或耳濡目染。

记得曾有一周末晚上，全班聚在芙蓉二的二楼走廊开练，男生们把宿舍里的灯泡拉出来，明晃晃地照耀着。楼下路过的外系晚自习学生都惊讶地看着楼上这疯狂一幕。我们男男女女扭捏相拥，像是无照新手集体上路，既战战兢兢又肆无忌惮，逆行的有之，加塞的、外道强行超车的有之，加之道路狭窄，剐蹭、追尾事故不断，于是“肇事者”便施以尴尬一笑泯恩仇。这种实战性很强的训练法很快把大家培训出师了。

厦大风雨球场，中文系交谊舞舞会

芮菁曾带王岚表演过疯狂“快三”，飞速旋转，让大家眼花缭乱。很快，交谊舞已不解渴，追求恣意挥洒的舞姿已成同学们美好愿望，于是

教官们释出“慢三”“快三”“平四”“快四”“布吉”(水兵舞),民间迅速普及起来。

那时许加有一台三洋牌单喇叭的收录机,晚上经常被征用为脱舞盲之用,每天晚自习后翻来覆去就那几首曲子,大家都烂熟于心,加之芮菁呕心沥血,掌握几种舞姿秘籍、皆会比画几下子的同学大面积涌现。

厦大中文系舞会(前左是我,舞伴是现在的厦大人文学院博导王玫,前右伍林伟,后右张健,后中正在朗诵者的是柴海涛,后左是田力维)

大概是到大二时,厦大有了舞会,都是在周末的晚上,由好舞者用台单喇叭收录机在某系食堂悄悄举行,像地下工作者。那时还没有进入信息社会,没有电话,更甭说手机和微信了,信息闭塞,想参加舞会全靠“碰”。那时我刚学会跳舞,热情高涨,曾在周末晚上稍加打扮去“碰”舞会,到文史、物理、化学等系食堂瞎找一圈。如遇芮菁,他会叫上我们几个去某系食堂跳舞。再后来,舞会渐成常态化,化学系老何是热心组织者,因为他有了一台四喇叭立体声大收录机,总想发挥作用,把动静搞大,基本每周末晚上会在我们芙蓉四后面的食堂搞一次。舞会是有规矩的,大家先是怯怯地坐下,余光瞟向芮菁和1978级外文系的梁华,等待他们发出总攻的信号；必须是他俩先以“快三”狂扫，肢缠腰绕地呼呼超速而过，才算打响了舞会的信号弹；中场时还必须有梁华和她那个穿海魂衫的男同学黄元来一曲水兵舞的“布吉”精彩表演，有“年底放血大酬宾”的意思，所以每当老何播放《瑞典狂想曲》，欢快乐曲声一响起，大家便知趣地靠边停车，让出主路，先由他俩恣意飞舞蹁跹，然后大家才噼里啪啦地上场，直把油腻的地板踩得山响。由于我班男同学都得了芮菁真传，尤其擅长“带人”，颇受女生青睐，虽无通过正规执业等级考核，但中文7701班仅凭好名声的口口相传，厦大主流舆论比较一致公认我班男生整体舞技列全校之首，且无比肩者。

1981年12月31日晚，7701班在勤业圆形餐厅二楼举行“迎新年暨毕业晚会”，我们来了个舞技大会演，印象中曲子好像是《青春圆舞曲》，并有一张珍贵留影，定格我们青春时光的精彩瞬间。

（本文节选自厦门大学校友总会网站“群贤文苑”栏目，收录时有删改。）

厦大往事

——站海防哨

厦门大学1977级化学系　杨　勇

1978年初我们作为“文革”后第一批（1977级）大学生踏入了厦门大学。我们班有36人，其中女生8人，全班同学出生年份跨度从1947年到1962年。应届高中毕业生大概只有四五人，而我是其中之一，算是班上年纪比较小的。入校后我们参加了军训，系里带领我们军训的是一名退役军人和几名现役军人。那时我们除了列队、刺杀训练外，还要进行实弹射击。由于年纪小，从未经过这方面训练，我连枪栓都拉不动。射击时由于害怕而脑子一片空白，哪还记得什么枪托要顶在肩上，瞄准时要三点一线等。我闭着眼睛射击，绝大多数脱靶，肩膀还被枪托撞得生疼。记得班上一女同学射击三发子弹均脱靶，在那哭了起来，系里带队的指导员拿起枪来，“啪，啪，啪”连打三枪，都在靶心正中，并且打在同一个孔里，真不愧是退伍军人，令人震撼。

军训之后，我们接到一个任务——在建南大会堂前的海滩站海防哨。我想站海防哨大概只有到我们这届为止吧。

那天晚上夜色降临，我们班同学集合到海滩边一破旧的小房子里，我们分成几组，每两个小时换一班。所谓海防哨，其实根本就没有哨所，站岗时几个人分散在几个哨点。除了小破屋里忽闪的小灯泡，外面像倒扣的锅底漆黑一片，伸手不见五指，咸涩的海风裹着海浪拍打着沙滩。在我们上岗前，大家都在议论，几天前数学系的学生站海防哨时，一个“水鬼”爬上岸，学生们没有发现，结果他跑到大会堂附近由于太累晕倒

才被巡逻的学生抓到，那些站海防哨的学生因此全都受到了处分。我上岗时，背着沉重的步枪到了自己的哨位，背靠着一棵树，在心里不断地祈祷在我站岗时千万不要有“水鬼”上岸，因为我既拉不动枪栓，也拼不了刺刀。一个十八九岁的女孩，只经过几天的军训，真枪在我手中无异于烧火棍，也许比烧火棍还不如，因为太重了。整个站岗期间，我脑海里不断闪现电影里那些摸哨的镜头，生怕有人会从后面溜上来，所以端着枪不停地东张西望。两个小时下来，我真是累瘫了。可万万没想到，回到小破屋，精神上的折磨却远没有结束，因为男同学们在那里起劲地讲着各种悬疑鬼怪故事。现在已经是中科院院士的同学，不知他是否还记得当时他是讲恐怖故事最起劲的一个。这些恐怖吓人的故事把女同学个个吓得不轻。年少时为了多些时间读书，那时没有咖啡，只能喝极浓极浓的茶，都喝到茶醉了还是无法提神熬夜，到了点就很快入睡，可那一夜是我这一生中时间过得最慢的一夜，每分每秒都像是一个世纪那么长。我因为害怕，整整失眠了一夜。这么多年过去了，这些经历还恍若眼前，记忆犹新。

到了美国后，在芝加哥一次聚会上，我谈到站海防哨这事，人群中有一人是从台湾来的，他说那时他正好也在大担、二担岛上当兵，也站海防哨，真是太巧了。当年的敌对双方，如今却在异国他乡聚在了一起。

最忆“葱头”班主任

厦门大学1977级中文系　张耀祥

我们7701班的班主任杨聪凤心直口快、热情如火，从不在大家面前摆老师的“谱”。所以，同学们都很喜欢她，有的甚至找借口三天两头往她家跑。

杨聪凤老师有个小“秘密”。早在20世纪60年代，她就是厦大中文系的“系花”，因其泼辣爽朗、快言快语（颇有“女汉子”之风）而被一些调皮的男同学起了个“洋葱头”的绰号。与其说是绰号，倒不如说是昵称更恰切些。

当年，7701班的95位同学中还有不知道这个“秘密”的吗，“两耳不闻窗外事”的我都知道了。然而，因为敬佩、尊重，更因为喜欢，我从未听过有哪位同学在背后提及杨老师时用了“洋葱头”这个她当年的昵称。而且，估计没有哪位同学吃了熊心豹子胆敢当面问她：“您喜欢这个昵称吗？”我知道，她不喜欢同学之间互取绰号，觉得那是对人不尊重，可能影响同学之间的团结。

一次，我所在的一班二组开会，组长通知会议下午2∶30开始。按惯例，小组会议都集中到男生住宿的芙蓉二寝室。当时是大一下学期，当天下午刚好没安排课程。我来得早，抵达本小组几位男同学所住寝室才2∶10，小组同学还在闭门午睡。一向谨小慎微的我就独自在走廊上徘徊。

此时，有位同学突然在身后说：“佟嗯呢努，怎么不敲门啊？”我听到声音，起先有些讶异，叫谁呢？可四下环顾，走廊上除了他，就是我，再无

他人。我一下子明白了，他叫的就是我，什么时候竟然被人取了这个日语发音的绰号？一时竟有些尴尬和生气，陷入了“回应也不是，不回应也不是”的进退维谷的两难境地。大概是见我没回应，那位同学又说：“佟嗯呢努，敲门啊，为什么老在走廊待着，外面多冷啊！”

正想反诘“佟嗯呢努是谁啊？”但转念一想，人家并无恶意，遂缄默不语。恰在此时，楼梯口那边有人连珠炮般疾速地说：“是谁给同学起绰号啊？那不尊重人格，会影响团结，多不好啊！”循声望去，原来是杨聪凤老师，她正好出现在楼梯口，虽然语气有些严肃，但笑靥依然绽放在脸上。她步履轻盈地来到我们身旁，“大家来自五湖四海，为了一个共同的学习目标走在一起，应该亲如兄弟姐妹，互相关心，互相尊重，团结成一个坚强的整体！”她接着对那位同学语重心长地说：“你出自对耀祥关心，请他敲门，但一用绰号就好事变坏事了，让人不爽快，那还怎么领你的情啊?!”那位同学也觉得怪不好意思的，绯红着脸，连声向我道歉。打那以后，再也没人叫我那个绰号。

后来一打听，“佟嗯呢努”其实也只是个“雅号”。原来，有次上日语课时（当时有两门外语供选修，一是英语，二是日语），授课的外语系雷老师即兴来个互动环节——由其说出中文单词，请大家用日语回答。大家争先恐后举手，纷纷抢答。当雷老师念到“隧道”一词，场面却一时冷清，雷老师一连念了三遍，竟无一人举手。不知是因为大家真的都忘了，还是特意要把这机会留给我。我素来内向，从不主动发言。那天不知何故，居然忽然来了勇气，猛地举手起身回答“佟嗯呢努”，雷老师颔首嘉许。本是件寻常小事，孰料，一起选修日语的班级生活委员王元生把它当趣谈，课后回寝室就说给二组其他男生听，于是，我就有了“佟嗯呢努”的“雅号”。不知是否那天杨老师及时出现的缘故，总之，这个“雅号”后来并未在同学中流传开来。

有意思的是，在多年之后，年近八旬的杨聪凤老师被7701班同学请进了同学微信群，乍看见她的“马甲”代号，我就忍俊不禁。原来，杨老师用的正是当年她的同学们送她的昵称，只不过她省略了个“洋”，自号“葱头”，这让我有些大跌眼镜。不过，大家都对这昵称感到亲切自然，只要杨聪凤老师有时间在群里“冒泡”，7701班同学都争先恐后抢着问候请安。

“葱头”杨老师也毫不摆谱，喜欢与大伙热烈聊天。2019年秋天，同学们自发组织了为期数天的宁德霞浦游，年逾八旬的杨老师与同学们一起蹚沙滩，赏古迹，跋山涉水，一起去看日出日落云卷云舒，其精气神一点都没输给她的学生。

瞧，她在霞浦风景点与女同学们合影，气质风采犹如伊丽莎白二世，秒杀大家。

杨聪凤老师（第二排左一，双手叉腰站立者）与7701班同学合影

1979年的舞步

厦门大学1977级外文系　郑启五

厦大1977级外文系部分女生学习交谊舞

尽管这是摄于1979年的老照片，但我一眼就认出照片上跳舞和围观的清一色全是我们1977级外文系英语专业2班的女生。尽管时光已经流失了40多个春秋，我还是能精准无误地逐一点出照片上同学的芳名：庄小瑛、张雁、陈扬光、洪冰萌、倪明、傅似逸、朱德贞，以及跳舞的林莹如和张宝玲，其实当时也只有我们外文系才美女如云。

照片有摆拍的痕迹，但也反映出时代的真实：由于“文革”结束不久，思想多有禁区，大家夜以继日埋头功课，对异性同学的交往噤若寒

蝉，动不动就面红耳赤。于是校团委出面倡导开展交谊舞会，缓解学习压力，活跃校园生活，踏着思想解放的节奏迎接新的时代。一石激起千层浪，我们外文系准备首先尝试。男生女生先分开各自学舞，照片上就是我班部分女生小范围的演练。

舞会前1977级学生团支部书记钟兴国同学开会动员，男女团干部纷纷表示舞会开张后决不怯场，让首次舞会稳操胜券。我当时是英语2班的团小组长，具体负责首次交谊舞的实施：舞场借用食堂，我身先士卒，清理场地，借好三用机，然后播放卡式录音舞曲《青年圆舞曲》和《青春圆舞曲》。舞会上，有备而来的男女共青团员们跃跃欲试，男的一圈，女的一圈，两圈人马反向旋舞，男女拉手舞上几个回合，就转换至下一位舞伴，大家越舞越进入状态，舞姿翩跹，舞会大获成功。

舞会结束后，夜已深深，由于大部分同学都是首次拉了异性同学的手，兴奋不已，毫无睡意，我们男生就在寝室里开"卧谈会"，畅谈体会和感想。据说女生也出现了彻夜难眠的状态，但淑女们自然比较内敛，睡不着就索性起床洗衣被……

此后厦大学生的交谊舞就逐渐进入周末举行的常态，开展得红红火火，蓬勃发展持续了20年左右，构成几代厦大学子的校园美好记忆。

睡在我下铺的兄弟

厦门大学1978级计统系　步国荣

唐代大学问家韩愈说“学必有师”，我以为未必尽然。以大学来说，如今虽很少听说有人身在大学却通过自学成才，却并非没有，铭栋就是一个。他是我大学时代的同学。从师而学，他不是不为，而是不能。

1978年我们考入厦门大学经济系计划统计专业，住在芙蓉二，我睡上铺，铭栋睡下铺。铭栋个子不高，白白胖胖，大大的脑袋，稀疏的头发，看上去有点憨。在我们宿舍数他年纪最大，比年纪最小的阿仲整整大了一轮，这在“文革”后恢复高考的头两年一点也不奇怪。后来我才知道，他有一个颇为坎坷的身世。他父亲原是一个会计，因为说错了一句什么话被打成“右派”，一家老小被赶出无锡，下放到苏北盐城某乡村劳动改造。那时铭栋刚上初一，新发的课本还没捂热就失学了。但他生性好读书，那个年代书很少，他饥不择食、生吞活剥，逮到什么就读什么。就这样这小子练就了一身自学的本领，就像从星光大道里走出来的一些野路子歌手，虽没有经过正规训练，但唱起歌来比学院派歌手还叫座。令人奇怪的是，一个命运多舛的人，却一点也不像伤痕文学中那样激奋乖戾、愤世嫉俗，相反，不论何时看到他，脸上都挂着一副通达乐观的微笑。

一般人都以为文科的东西自学起来不难，理科的东西要自学就不那么容易了，但铭栋是一个异数。“文革”后恢复高考他报名的时候，其他都还好办，只有数学是一道难关，$\sin\alpha$、$\cos\alpha$他不知道怎么念，只知道怎么写，整套的初中、高中数学课本，他硬生生地啃下来，最后竟然以江苏省前几名的高分考入厦门大学。给我印象最深的是大一上“高等数

学”，他听不懂，上课就睡觉，下了课就捧着书自己看，一本书翻得破破烂烂、惨不忍睹，实在有看不懂的地方就晚上敲教授家的门，直到弄明白为止。最有意思的是期末考试，一张试卷皱皱巴巴，答题的过程老师看不懂，但结果又是对的，老师认定他是抄的，只有我知道他不是。统计专业有许多数学方面的课程要学，“概率论”“线性代数”“运筹学”“数量经济学”，他都是这样对付过来的。我记得那时候他不怎么爱上教室自习，只要是没课，他总爱捧本书坐在床铺上看，那盘腿而坐的样子很像是星云和尚坐禅。

有一次偶尔看到清华大学“恢复高考三十年”做的纪念文集，有人回忆说那时他们经常在课后一起讨论功课，交流读书心得。可我们那会儿不是这样，都是各人闷头读自己的书，即便是同一个宿舍，彼此也不知道对方在读什么，讨论交流就更少。印象中校方组织的讨论也不多，记得一次是对越自卫反击战，另一次是由潘晓引发的关于人生价值观的大讨论。记得那次关于潘晓的讨论，铭栋一言未发，事后悄悄对我说：“只有自我才是绝对的。价值体系应该是以个人为本位，在此基础上才能建立起坚固的道德体系。如果仅仅是以家庭、集体为本位的话，结果一定会导致虚伪。”时光荏苒，现在回过头看，全国所有的高校都煞有介事地讨论“人活着究竟为了什么”，是一件多么幼稚滑稽的事情。记忆中大学四年，我跟铭栋之间唯一一次印象深刻的讨论，是一天傍晚在校园的林荫小道上漫步的时候，那天他断言中国将来最流行的经济理论一定是凯恩斯学说。几十年后的今天，我们对凯恩斯是做得多说得少，吃了人的还嘴硬。那天不知怎的他谈性大发，后来大侃起了康德、费尔巴哈和黑格尔，他说唯物辩证法最终会否定自身。一直到今天我也没弄明白贪吃的蛇究竟是如何吞噬了自己的尾巴。

孔子说：“不愤不启。”我的理解是，在知识“授”与“受”的过程中，学生扮演着比老师更重要的角色。铭栋就是一个很好的例子。大学毕业

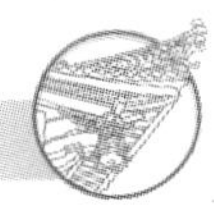

后听说铭栋去了美国，以后便没有他更多的消息，只知道他考取了微软程序分析师的执照。我清楚地记得，刚进大学时铭栋的英文基础只限于26个字母。如何攻克英文难关，还有那令人生畏的计算机程序语言，想想都令人头皮发麻。

萨黄淑慎

——深受校友爱戴的校长夫人

厦门大学1978级化学系　傅志东

萨本栋夫人黄淑慎1912年3月出生，毕业于北京师范大学体育专业，擅长打网球、投标枪，是一个体育健将、标枪名手。

北师大校史《百年记事》的《学科卷》上记载黄淑慎1933年12月在《师大月刊》发表《国立北平师范大学数学入学试验之研究》和《师范大学乡村教育实验区计划大纲》两篇论文。可见萨夫人在学业上十分优秀。

萨夫人随萨校长到长汀之前，曾在清华大学担任体育教师。到厦大后，虽然当时厦门大学很需要女生的体育指导员，但萨本栋校长严格遵守学校家属不能被学校聘用的规定，他的夫人只能当义务指导而不能当正式教师，没有任何津贴。尽管如此，她依然非常认真地上体育课。她还十分关心女生的健康和生活。四五十年以后，许多女生依然能清晰地回忆起萨夫人到女士宿舍看望同学们的场景。

为了节省学校经费，萨校长不仅经常没有领取全薪，而且还要萨夫人帮忙处理一些学校的杂务。萨夫人成为学校义务的秘书。

萨校长后来身体非常不好，一度卧在家里床上，忍着疼痛，让学生到家里上课。萨夫人除了要照顾萨校长和两个孩子，还要热情招待来家里上课的学生。

萨校长一家在长汀(后排左萨支唐,后排右萨支汉。
萨支唐后成为国际著名半导体专家,美国半导体工业先驱之一;
萨支汉是国际著名数学家)

40多年后,陈中柱学长在美国回忆起当年机电系的6位同学,每天到萨校长家上课,享用萨师母亲手调制的茶点,就像家人团聚情景,依然历历在目。

谢希德学长1998年回忆说,长汀时期,萨夫人不仅是萨校长的贤内助,也是两个10岁左右男孩的慈祥母亲。此外她还在长汀华侨师范教书,以惊人的毅力使全家度过那艰苦的岁月。

抗战时期的长汀生活非常艰苦。教授们的生活同样很清苦。萨夫人后来回忆,当时日常食用的青菜,只有竹笋、萝卜、芥菜、地瓜等几种。萨夫人写信给国外友人,请他们寄送各种蔬菜种子。萨夫人在校长宿舍辟地垦殖,分送给各位教授,并逐步将种菜技术推广到每一个教授的庭院。这样长汀人后来才见到大番茄和四季豆等富有营养的蔬菜。

萨夫人1981年回忆长汀时代的生活时说,当年她和母校的同学们是共同分享校长的一切。因为萨校长把他全部心力都用于学校。不仅是繁重的校务,而且为了奠定同学们的学业基础,萨校长每周要亲自授课达10多个小时。有时学校聘用不到合适的教师，萨校长还要亲自代课。

萨夫人1944年随萨本栋校长到美国讲学，1945年随萨校长回国，1948年年底又陪萨校长来美国治病。萨校长于1949年1月31日在旧金山不幸病逝。萨夫人后来回国到了香港。

1944年厦大女生同学会欢送萨夫人黄淑慎（前排左起第9位，随萨校长赴美）合影

谢希德学长回忆，1952年她途经香港时，萨夫人在香港做家庭教师，以资助两个孩子在美国读书。

萨夫人后来到了美国。那时她已经40多岁了，两个孩子都已经学业有成。但她没有依赖孩子，一切从头学起，先在University of Illinois（伊利诺伊大学）攻读数学专业的硕士学位，后在Pennsylvania Slippery Rock State University（宾夕法尼亚州滑石大学）教书，一直到20世纪80年代初退休。

萨校长和萨夫人的两个儿子如今都成了著名学者。长子萨支唐是微电子学家，被认为是美国半导体工业的先驱之一。次子萨支汉（已故）是数学家。

萨夫人随萨校长离开长汀后仍和一些校友保持着联系。她像对待家人一样热心关怀厦大的校友。

欧阳谧学长回忆，1949年他从中国台湾到英国。在香港停留期间，萨夫人曾为他写了一封给英国友人的推荐信。那封推荐信对他的一生影响很大。

厦门大学各地的校友都关心着萨夫人。

1981年，台湾校友会筹备60周年校庆活动。邀请萨夫人赴台出席校庆大会是当时筹备工作的一项重点。萨夫人到台湾以后，受到校友们的热烈欢迎。昔日的女同学纷纷争着和萨夫人合影。大家在一起有说不完的话。萨夫人深情地说，在离开学校30多年之后，依然有这么多的同学，对故校长的夫人表示如此崇高的敬意，是世界上其他地方所不易见到的。

1981年4月6日，台湾校友会庆祝母校校庆60周年期间，
萨夫人（右三）和昔日女生游览日月潭

萨夫人是厦大美洲校友会的荣誉会员。昔日萨校长在美国的学生不时会去探望在宾州教书的萨夫人。萨夫人退休以后搬了家，校友们一

度和她失去了联系。美洲校友会会长吴厚沂学长委托校友多方寻找，终于又联系上了。吴厚沂学长多次委托校友去探望，并送上校友会刊物。

1998年3月12日，萨夫人在伊利诺伊州去世。

1998年8月，厦门大学林祖赓校长到纽约出席美洲校友会年度聚会。萨夫人的长子萨支唐和长媳萨张淑南护送萨夫人的骨灰到纽约，当面交给林祖赓校长。林校长将萨夫人的骨灰带回，安葬在厦门大学校园。

2004年，萨支唐教授和夫人萨张淑南女士捐款10万美元，在厦门大学设立了萨本栋博士助研金和萨黄淑慎奖学金。

鞠躬尽瘁的萨本栋校长和夫人萨黄淑慎将永远为厦大人所敬仰和热爱。

我的父亲与厦大的深厚情谊

厦门大学1978级哲学系　林　起

2021年是我的父亲林应錡95周年诞辰、辞世20周年的纪念年份，也正逢厦门大学百年校庆和中国共产党成立100周年的特殊年份。10多年来，我一直想写写敬爱的父亲，都因没有合适的时间节点而搁着。现在机会来了，我把自己记忆中有关父亲与厦大往事的片段整理撰成此文，作为对母校百年校庆的纪念，也作为对父亲的怀念。

革命生涯，始于学校

在白色恐怖时期，父亲随我的大伯父从福建莆田到上海的小学教书，1947年从上海考入当时的国立厦门大学海洋系。在沪期间，父亲就目睹并参加了轰轰烈烈的学生运动，向往参加革命工作。到厦大后不久，父亲于1948年在厦大加入了中共地下党，至厦门解放前，任中共闽西南城工部第二支部委员、新民主主义青年团莆田县工委组织委员。听父亲说，能在厦大从事党的地下工作又能盼到解放是幸运的，当年与他们联络的、常在食堂门口的那位鞋匠，因为没有来得及转移而在国民党军队撤退前被杀害了。厦门解放初期，父亲任市人民委员会和市建设局农渔科秘书，后参与组建厦门市水产局，直到1987年离休，他一直奋斗在水产系统专业领域。就读厦大既是父亲参加革命工作的起点，也是他那一辈人难得的接受高等教育的机会。

心系母校，潜心事业

“作为厦大学子，应该尽可能为母校做点什么，哪怕是很平常、微不足道的”，这是父亲生前经常对我们儿孙辈说的话。在父亲所经历的工作岗位中，不论是主持开展水产技术推广、海洋捕捞创新，还是渔业养殖实验、水产科研人才培养，父亲都能紧紧依托母校海洋科研与教育资源，从科研攻关、技术推广到教学实践、项目开发等方面推动厦门市水产系统与厦大海洋系开展密切合作。即便是在“文革”中被打成“走资派”后，游离肾严重发作，需要拄着拐杖才能行走的艰难情况下，父亲依然惦记着母校海洋系和校友们，经常登门请教、求解难题、商议合作、洽谈交流，其中凡遇到节假日都由我陪扶他前往。由于长期有效的合作，父亲主持的科技项目得到母校的智力支持，多次获得省、市科技成果奖，特别是在1981年全国第一次科技大会上受到表彰，获“全国科技推广奖”。

尊师重教，乐助校友

父亲对老师一向尊重、崇拜和感恩，生前经常对我价兄弟说起他敬重的生物学家汪德耀老校长，海洋学家郑重、庄书院等老师，谈及他们当年为人师表、教书育人，谦虚谨慎、艰苦奋斗，潜心科研、兢兢业业，爱生如子、教导有方等高尚品格和优良作风。父亲不仅利用工作上的机会经常到母校登门向老师求教，看望和拜会校友们，还在“文革”前后物资匮乏的年代，每逢佳节也自费购买一点水产品等让我专门送去，慰问恩师。此外，校友们如有工作、生活和家庭上的困难，父亲都会尽力帮助，不求回报。

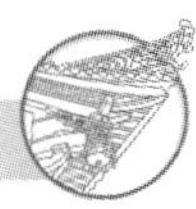

厦大情缘，后辈继承

父亲生前常对儿孙辈说，“人生的学习经历中，能在陈嘉庚先生创办的我国南方著名高等学府厦大读书或工作是很荣幸的”。他的愿望是儿孙辈们有机会能继续到厦大读书，其中如果有人能继承他学习海洋专业最好。一路走过来，虽然不能完全如愿，但在儿孙辈的努力下，父亲的愿望也基本得到实现。恢复高考前，父亲支持我到厦大校办工厂（原名“厦大综合电子厂”）当了两年工人，恢复高考时，他又动员我积极备考冲刺厦大，并且时常幽默地说，当年他从上海考到厦大的“经验”就是临进考场前，吃一颗新鲜的西红柿准能考上。这也许是减轻临考精神压力的心理暗示吧！当年我参加高考也学父亲这样做，结果于1978年考入厦大哲学系，后来我的女儿也于2005年考进厦大财政系。果然，我们林家三代人都与厦大结缘，并在各自的工作岗位上努力工作，为厦大增光。唯一遗憾的是，至今未有儿孙辈能继续学习海洋专业。

回忆1981年厦大60周年校庆

厦门大学1978级生物系　鹭江明月

受“文革”影响，厦大多年没有大办校庆。1981年，万象更新，厦大举办隆重的60周年校庆活动。这次校庆简朴而热烈，其中印象深刻的有三件事，迄今难忘。

一、首届生代表吴亮平发言

当天在主席台前排就座的嘉宾有省委书记项南等。有位老人戴着帽子坐在项南旁边，一直用双手捂住脸面，后来他说是因为台上灯光太强烈了。轮到他发言时，他缓缓说：“我叫吴亮平，中央党校顾问。我是厦大1921年首届学生（现场掌声响起）。当时我在上海街头，偶然看到陈嘉庚创办厦大的招生启事，觉得一位华侨创办大学有些稀奇，就报了名，被录取了。读书两年就到江西参加革命了，经过长征到达延安。有天在街上买菜，碰见厦大校友许涤新，他说：‘老吴啊，我正要找你。明天毛主席要见个美国人，让我翻译，但我这些天课程很满，你代我去翻译一下。’后来我就去了，这位美国人名叫埃德加·斯诺，后来写本书叫《红星照耀中国》（现场掌声极其热烈）。”

二、陈景润来了

“……为革命钻研技术，分明是又红又专，被他们攻击为‘白专道路’”（1978年“两报一刊”元旦社论《光明的中国》）。这是徐迟先生那篇著名报告文学《哥德巴赫猜想》的开场白。这篇文章，使陈景润名扬天下。

陈景润，福州人氏，新中国培养的第一届大学生。徐迟先生这篇报

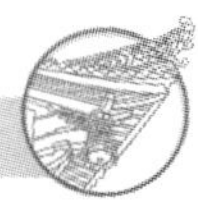

告文学发表时，我还远在闽北一个僻远小村插队劳动。一天夜里，我在小油灯下仔细阅读《福建日报》上转载的《哥德巴赫猜想》，激动得一夜没睡。当年像我一样受该文鼓舞，心潮澎湃的青年不知有多少啊！我们阅读“猜想”，也在心底无数遍“猜想”着，把无数青年抛向“广阔天地炼红心”的岁月何时能告终结？恢复高考，“分数面前人人平等”。也许受“猜想”一文的鼓舞太大，我第一年参加高考就报了陈景润母校厦门大学数学系，数学单科考得不错，但总分不足，落榜了。据了解，那年与我持相同想法的人太多太多了，以致数学系成为大热门，而数学系实际是厦大理科中最小的系，招生人数极为有限。60周年校庆，陈景润将前来参加校庆的消息传遍校园。那天，当他在校友们的簇拥下步入建南大会堂时，全场掌声雷动，许多师生不顾斯文，站到座椅上欲一睹大师风采。陈景润在主席台前排就座，刚落座就发现“恩师”前校长王亚南的夫人在台下，他赶忙起身，下台与师母握手、问候……现场又是一阵如潮掌声。这一场景我迄今印象深刻。

三、黄厚哲教授为学生擦黑板

校庆中，各系都请几位知名学者为学生开讲座。生物系也不例外，请来了武汉大学一位学部委员（现称为院士），她是厦大生物系毕业的，时任系主任黄厚哲正是她就学时期的老师。黄老师很高兴地向大家介绍了这位知名校友，请她给大家介绍细胞生物学的最新进展。接着，黄老师就拿块黑板擦站在一边，准备不时擦黑板（当时条件简陋，没有投影仪等设备）。那位讲课人极为诧异，不断要请黄老师下台就座，但黄老师始终微笑着让她接着讲。台下学生不断鼓掌，这一幕给我印象很深。这也使我联想到，2015年屠呦呦在挪威演讲时，现场主持人全程跪着为她拿着话筒的场景。对知识的尊崇，言传身教，其实就这么简单。

（本文选自厦门大学校友总会网站“群贤文苑”栏目，收录时有删改。）

百年校庆，1981级历史系入学40年寄语

厦门大学1978级历史系　杨锦麟

走读厦大，留校工作，担任1981级历史系辅导员，接着到台湾研究所任职，是我这辈子唯一一段有国家编制、有固定工资、不再拿工分的岁月，殊为难得。

答应写一写我和1981级70名同学相处的日子以及他们入学40年的点滴感受，就算我作为个人一种另类的百年校庆活动参与方式吧。

嘉庚精神的传承，不是靠说说就可以了，还需要身体力行，言传身教；“自强不息，止于至善”的校训，岂是喊喊口号、唱唱校歌，就可以敷衍了事。

1981级历史系70名同学入学40年，毕业36年，难以一一详细回顾，择其要点，选几个时间段，最后以1981级考古班的学术成就，用事实告诉世人，厦大毕业的，都不是“吓大”的，而是踏踏实实，一步一个脚印前行，本真、务实的“嘉庚精神”实践者。

权且将这篇信手拈来的文字，作为致1981级历史系入学40年的“寄语”吧。

厦大1981级历史系入学40年寄语之一

致平凡与不平凡的人和时代

2020年过得很不平凡。

去年年底接到《中国新闻周刊》年度稿约，主题是：致平凡。思量再

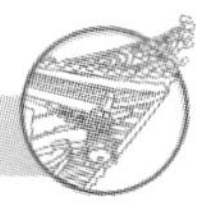

三后婉拒了约稿，他们理解了我婉拒的理由。

对于“致平凡”的主题，我倒产生了一点兴趣。兴趣的原因在于平凡，而不在于芸芸众生刻意追寻的“不平凡”。

平凡与不平凡，让我想起了40年前我曾经与厦门大学1981级历史系历史、考古专业70位同学相处的岁月。

岁月如梭，40年过去了，当年来自五湖四海、四面八方的年轻人，如今也都是年近六旬的“老人”。

除了那些与生俱来、带有鲜红颜色基因人群之外，1981级的同学们，包括我在内，绝大多数出身平凡、家境清寒。每个人成长过程既平凡也不平凡；如果没有恢复高考，如果自己不够努力拼搏，人生的发展路向肯定很不一样；在深层意识里，我们未必对自己的平凡出身感到不安，但肯定有自己意识得到或意识不到的自卑。这种自卑，以及对身份认同的焦虑，在那些自命不凡、从小到大充斥优越感的人群中是不曾存在的。

我们有过“自命不凡”的瞬间，有过“天生我材必有用”的闪念，也有过对“王侯将相，宁有种乎”的共鸣，但绝大多数人从来不敢忘记自己源自平凡，平凡的出身其实已经决定了我们人生的高度和宽度。

和厦门大学历届校友一样，厦大1981级历史系70名同学，在40年前入学，以及毕业之后走出校门的30多年人生路程，都是大时代的风云际会。

风云际会，就是机缘。40年一路走来，遭遇很多，见识很多，这就是人生阅历，而所有的阅历，被打上的深深烙印，关键词依旧是平凡。

恢复高考之后，备受关注的多半是1977级、1978级，之后的1979级、1980级很少提及，1981级难免被忽略。但其实，1981级之后，“老三届”差不多消化完了，1979级、1980级还有若干带薪就读的学生，1981级之后，基本上都属于申请助学金的大学生，国家统招统配。

1979年，对越自卫反击战刚刚结束，接着就是老山轮战，1981级入

学的同龄人，如果参军，多半都往中越边境送；在农村的，可能是第一代进城的农民工。这么一比，他们算是时代的幸运儿。

留校任教，是我第一份正式工作，先后参与1977级、1978级的分配工作，以及1979级、1980级的入学工作之后，带1981级历史、考古专业两个班，就是我更具体的第一份工作。

虽然入学前，我曾参与创办一家区办工艺美术厂，担任过厂长，但带70多号学生，却是平生第一回。我心里没底，遂请教1977级某位学长，他和我在学生会共过事，平时言行举止，比较像学生干部。他说，对学生严厉一点就可以，要有当老师的威严。我把“严厉一点，要有威严”这几个字牢记在心。

下乡当知青时，我也在大队小学当过老师，也当过班主任，但那时根本就没有所谓的威严，就是当孩子王，因为我也很年轻，第一次走进小学教室，上第一堂课，其实也才刚过16岁生日不久。

与1981级历史系历史专业和考古专业70名同学相处了三年半时间。1983年整党运动之后，校系人事调整期间，历史系两位老师打小报告举报我是“三种人”，虽然经仔细核实，纯属无端指控，但也因此中断了我担任1981级辅导员的生涯，我婉拒另一个职位安排，申请调进台湾研究所，否则，我应该能够和1981级70名同学一起相处完整的四年时间，把他们“一个萝卜一个坑”地分配出去，这都是后话。

多年后，同学们陆陆续续得知了当初突然离开他们的缘由，也都能理解曾经的出走；真心感谢这两位举报者，如果他们不做未遂的告密，我就失去了一次从零开始转入学术研究领域的机会。

与1981级70名同学相处3年多的时间，对他们来说，我和他们的岁数相差10岁左右，顶多十二三岁，他们私下叫我老杨。

应该说，老杨给70名1981级同学，留下两个深刻印象：

一个是老杨太过严厉，很多时候总要板着脸说话；一个是老杨不准

他们谈恋爱。

过于严厉，是1977级学长指引下的失误，当然也体现出我对工作全身心投入的态度；不准他们谈恋爱，不是我的过错，那时大学生校规是这么规定的，我私下的表示是，你们拿助学金读书很不容易，先集中精力读好书打好基础，三年级下半学期或四年级再考虑这个问题合适些。

记得在思政课上谈如何树立正确恋爱观，课堂在群贤楼后面的教室，说着说着，忽然一位同学“啪”的一声，摔在地上，我心里一惊一喜：课堂教学效果如此之好，谈如何树立正确恋爱观，居然能把学生说晕了一个。事后才得知，该同学忽然晕倒在地，是低血糖、胃痉挛所导致，与我口吐莲花、“一本正经的胡说八道”无关。

很多这样的趣事、轶事，1981级的学生们能脱口而出，侃侃而谈的比我还多。

一个不平凡的年代，聚集了70名平凡的大学生，谱写了一部平凡与不平凡的人生故事。

厦大1981级历史系入学40年寄语之二

见证改革开放时代的不平凡

2013年9月，1981级历史、考古班部分同学，在福州为我组织了一次60岁生日聚会，我即席说了一段“致50岁”的感言，分享了我50岁之后的心路历程和阅历体验。

1981级70名同学，如今也接近60岁了。他们很多人都当上了爷爷奶奶、外公外婆，也即将进入退休阶段。

离开学校，每个人的人生道路就不一样了。这些出身平凡的农家子弟，城市里的职员、工人、教师和底层官员后代，赶上了正儿八经的高考，通过自己的努力，走进高等学府。四年学业结束，有人选择继续深

造，攻读研究生，其中有不少人考取了美国、英国的硕士、博士，留在厦大或分配到其他高校任教，不少人已经是教授、研究生导师，有的还是学科传承人、学术带头人，在不同的学术领域多有建树；从事行政工作的，也多有政治上的进步成长：高等学府的教务长、大学副校长、大学或学院的党委书记，地市级、厅局级领导，阿廖担任过全国学联副主席，曾和领导人一起开过会、办过公；从事出版、媒体工作或古典文献、方志研究的，多有自己的建树，声名远播，得奖无数，带团队带队伍，都属于“老行尊”“老师傅”系列；出国留学定居的，都拥有自己的事业、家庭，有的人成为企业管理者，有的人成为资深的财务管理人员，甚至还有流行舞蹈的教师；也有中途下海的，转行做点小生意的，亦有进入金融投资界，成为行内翘楚的，比如某位女同学，攻读美国史，毕业后在某省出版社担任编辑，乘着20世纪90年代初开发海南的风潮，这位平时文静不语、读书认真的小姑娘，突然辞职，只身到海南岛闯世界。她说，曾有一段时间在海口餐馆当知客，一天到晚工作十几个小时，就这样一切从零开始，现在是西南地区最大的牙科材料供货商。这样的例子不多，但足以证明，不管是谁，不管是在天涯海角，还是五湖四海，只要记得住厦门大学校训“自强不息，止于至善”，都能在不同的工作岗位上出彩。

1981级毕业25年、30年，我都应邀参加他们返回母校的聚会。

不少场合，男同学不约而同地埋怨我，不准他们谈恋爱，以致班上的女同学多半被其他年级的学长，其他系的男生给“拐”走了。

除了一个劲儿表示道歉之外，我也请他们谅解，这是我这辈子第一份正式工作，有国家编制的，自当珍惜，学校校规不敢违逆。

我虽然感到歉疚，但那是当时大学的校规，当然这个校规对青春期的荷尔蒙几乎没有任何约束力。这个班，有人很早熟，有人很活跃，多数男同学性启蒙、性发育比女同学稍微滞后，发生过不少趣闻，事隔多年之后，每每想起，都会发出会心的微笑。

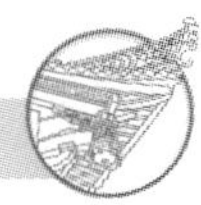

很少过问1981级同学的婚姻状况，多数人的家庭组合，与那个时代的气场和文化氛围是同步的。我知道他们中间很多人的故事，对于形形色色个人命运的故事情节安排，更多的是予以理解和包容。时代给每个人留下的收获和缺憾，其实都是一样的。我不太相信“上帝是公平的”说法，但即便是不公平的，每个人都有自己的人生选择，无怨无悔是最起码的面对。

无论是下海从商，还是在职的党政官员，或高等院校的为人师表，感到最为庆幸和宽慰的是，迄今为止，没有人因为各种原因进去的、下去的。虽然有个别同学罹患重病，但没有人过早离开，还能健康活着，或明显康复，也是一件值得欣慰的事。

曾经去探视因病提前返乡休养的那位学生，事隔30年第一次见面，他打开家里的大门，一看到我，立即脱口而出问：“杨老师，有什么事？！”表情紧张。可见当年我在找学生谈话时，他们的不安和忐忑心态……

现任厦门大学党委副书记徐进功，是厦大1983级历史系同学，他至今仍记得我当年和他互动细节。在他的回忆中，我是一个对待学生相当宽厚的老师，我想我应该比较接近这种形象才是。

1981级入学的大学生，除了学杂费全免，仍享有国家助学金制度。多数来自农村以及偏远地区、家庭经济状况不佳的同学，都是助学金的受惠者。时隔30多年，他们还记得当年甲等助学金的具体数字，具体到每一角每一分，可见那一笔助学金，对于家境贫寒的学子，不仅是雪中送炭，更是激励自己，奋发努力学习的动力，具有一种锦上添花的功能。有位同学，一段时间每天每顿饭只吃一个馒头，喝白开水，为了不惊动其他同学，他就躲在蚊帐里就餐，被班里同宿舍的同学发现后告诉了我，我了解详细情形，才得知那一笔微薄的助学金，他还要省吃俭用寄回家帮助弟弟妹妹上学，维持家里生计。

当时闻知，我不免心有戚戚焉。记得我组织过班里同学捐款帮助他，

那时每个人家里都不宽裕，但还是努力凑了一笔钱，解决他的燃眉之急。

这样的事，其实还不少，年代久远，但记忆犹新。

懂得感念的人，毕业以后也在以自己的方式回馈社会，这位同学，是党校的教授，除了努力完成本职工作之外，还考取了执业律师资格，经常利用法律武器，为当地乡亲们“打抱不平”。

来自湖南的某位同学，我发现他手指断了一截，询问之下，是小时候帮家里切猪菜不慎切断的。中学期间，他当了班长好多年，现在只是一个团小组长，但很有自己见地，机智善辩，组织鼓动能力极强，也热心社会服务工作。我推荐他到校学生会任职后，他干得风生水起，在校学生会也谈了一场轰轰烈烈的恋爱；毕业后报考北京大学国际政治系，在20世纪80年代中后期登上了美国《时代周刊》，大概也是1981级70名同学迄今为止的唯一。

后来在香港重逢，他和我述说了他的传奇经历，“青春不留白”，这也是1981级同学当年在历史长河中留下的剪影。

厦大1981级历史系入学40年寄语之三

青春留白与青春不留白

1981级多数是20世纪60年代生人，除了考古班班长稍长几岁，其他人多数出生于1963年、1964年，少数1962年出生，也有1965年出生的。

这个年份出生的，大部分属于三年困难时期的“幸存者”，或幸运地扛过了三年困难时期，赶上国家休养生息，经济逐步恢复，人口逐步增长的一代人。

他们的童年或多或少存留了“文革”的记忆，有几位同学的家庭留有或深或浅的“文革”伤痛。对极左岁月记忆未必清晰，但几乎都接受极左年代残缺不全的教育。“文革”结束，国家拨乱反正，逐步走上改革开

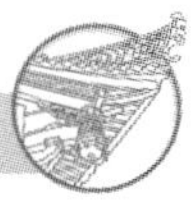

放的道路。恢复高考后，他们刚好读上初中、高中，与1979级、1980级那几届都是改革开放初期的幸运儿，是高等教育的参与者、见证人。

处于新旧时代交替的中国，仍存留大量“旧时代”的痕迹，其中也包括极左思潮渐次消减过程中的各种顽强表现，包括思维模式、处事方式等，但新思想、新思维、新文化、新知识的大量涌进，他们也是第一批的受益者。囫囵吞枣、不加选择地吸纳，难免会有些消化不良，但并不妨碍他们如饥似渴，像海绵一样吸收各种舶来的知识。

很多人都是第一次走出家门，走出大山，走出乡村，走进城市。第一位到学校报到的是来自山东沂蒙的老王，9月的厦门还是大热天，他穿着薄薄的、不合身的衣服，袖子、裤管都明显地短了，个子又高又瘦，仍是发育中的青涩。那年寒假，他特想回家，买了车票，但我知道他口袋里只有5块钱，连张火车票都买不起，费了半天劲动员他留在学校过的春节；如今他已是一所高校的教授，学科带头人，说起话来滔滔不绝，口若悬河，也喜欢在群里和我斗嘴。考古班第一个报到的来自湖南，记得是他父亲和几位乡亲陪他到厦门，把他安置好了之后随即返回。那孩子光着脚丫子，连双鞋都没有，身上穿的衣服到处是补丁，裤子几乎看不到原来的布料，多少年后他告诉我，那条裤子还是出门前向舅舅借的，他现在是国内一家基金公司的总经理，管理几百亿元的资金；转行前在广州攻读人类学硕士学位，出版过几部学术专著。在毕业25年聚会上发表感言，他还清晰记得当年领取甲等助学金具体数额，连几角几分都记得清清楚楚，感恩之心溢于言表。

每个班的助学金都是有严格比例规定的，甲、乙、丙、丁等都有具体要求。农村来的孩子家庭经济状况普遍差，获得助学金的概率比城里来的大一些，这也是他们能顺利完成大学四年学业最关键的经济保障。来自富庶地区的农村孩子，基本不需要助学金，但这类学生不多。

1981级两个专业70名同学来自五湖四海，相当部分来自福建省内，

福州、三明、南平、莆田、泉州、漳州等地；省外的同学，来自四川、广东、广西、山东、湖南、浙江、江苏等地。女生不多，考古专业20人，只有2名女生；历史专业的女生多些，入学时，各方面显得比男生成熟。

学生来自四面八方，语言沟通也是个问题。历史系老师，福建省内居多，普通话发音明显不同，有闽南腔、福州腔、莆仙腔、闽西客家腔；时隔多年，来自广东的阿炳说，入学的第一学期，他几乎听不懂大部分老师的授课内容，也无法记课堂笔记，要命的是，自己连普通话都不会说，因为中小学老师上课用的都是粤语。如今他是某个省某个厅局正职干部，普通话说得很溜，当然也还有明显的粤语腔调。

记不得第一年的春节，留校的同学是怎么过的，应该是食堂有年夜饭安排，我是不是和他们一起吃年夜饭，印象已经模糊；但我结婚时，寒假留校的同学曾帮我搬过家具，这我倒记得很清楚，第一次动用师生关系和资源，事后好像也没给他们一点辛苦费，实在有些抱歉。

第一学期的中秋节是在上弦场过的，明月皎洁，我与同学们围坐在草地上赏月吃月饼；在纪念碑组织的活动，组织班上同学爬山；租船去集美的珍珠屿；在厦大防空洞礼堂开迎新晚会；在风雨操场举办迎新晚会；组织全系演讲比赛；入学的第一学期，在蒙蒙细雨中把住在芙蓉九的男生叫出来训话；在外文系教学大楼改选历史系班干部，严格按照民主选举程序，几轮投票之后才完成选举。这些都是记忆犹新的画面。

学校歌咏比赛，1981级是主力，想必他们也一样记忆犹新吧。

十七八岁的年轻人，虽然那时食堂的伙食实在无法恭维，但青春期的荷尔蒙仍然可以“野蛮成长”，三令五申不准谈恋爱，但仍然有一颗驿动的心。男生大胆写信示爱，却看不懂女生回信的委婉拒绝，求教于老师，我现场释疑解惑，并将信函收存，直到毕业时才交还给他，那时他看懂了，也对我心存感激。多少年后，几个同学话当年时，分享过当年他们暗恋同班同学的故事。某同学一个晚上和女同学在上弦场草地上穷聊，但

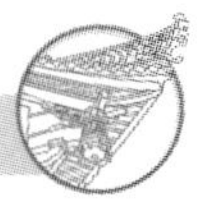

手都不敢触碰一下。班上两对毕业后成夫妻的，至今未曾分开，也是硕果仅存；与不同年级学长或同学谈恋爱成家的，有分有合，与很多人生旅途发生的故事大同小异，没有太多惊天动地的爱情，过着各种平凡的生活。

年近六旬的1981级同学，没赶上60周年校庆，却赶上了百年校庆。

厦大1981级历史系入学40年寄语之四

守本分，懂珍惜，谨记校训，无愧厦大学子

来自闽西武平的老罗，每次班里组织爬山，他总是第一个登顶。他告诉我从小就上山帮家里割松香，时常要挑100多斤松脂到公社收购站卖，落下了腰肌劳损的病根，这个遭遇和我一样，我在武平待了8年，没少挑过担子。老罗的伯父参加红军长征牺牲了，哥哥参加对越自卫反击战光荣负伤，立下三等功，他曾到新加坡市长班学习过，现在是某市外事办主任，也算一把手。

这样的一把手在厦大1981级历史系不少。很多平时在班里沉默寡言，低调得不显山不露水的同学，一走出校门，就好像是换了一个人似的，在各自的岗位上干得风生水起；多数人几十年如一日，在各自岗位上兢兢业业，埋头苦干，谨守校训，恪守职责，都是懂得珍惜、守本分、求真务实的人。

他们当中，也有不安分的，不断寻找自己发展机会的，下海经商的，上山砍柴的。有一路平顺的，也有跌宕起伏的，但干什么像什么，干什么是什么。大家读的是历史专业、考古专业，但转型改行的，个个出类拔萃。

1981级属于国家统招统配，毕业前，每个人需要表态服从组织分配，他们没赶上90年代初经济迅猛发展大潮，人生规划的个人自主意识未必很强，原因与多半是贫寒人家出身的背景有关。祖祖辈辈才出一个大学生，换掉草鞋穿上皮鞋，农村户口变成城市户口，成为国家干部，拿

的是国家薪金，在20世纪80年代中期，已经是很了不得的事。相对于现在的孩子们来说，他们在人生规划上，略显拘谨保守，凡事需要反复斟酌，步子迈不开，但守本分是这一代人的特征。

几位出国留学的同学，有学成归国的，也有留在国外发展事业的，分别都安家立业，第二代已长大成人，虽未必个个腰缠万贯，但也步入中产小康，安逸富足，真正实现财务自由也许不少。他们都是能干实事的人，都在各自领域里发挥专长。

因故休学留级的老曾，反倒是因祸得福，多了一个班的同学，他在校时很腼腆、内向，现在也在高校工作，教授当了好些年，带出来的学生、研究生比我多得多。

社会是个大染缸，每个人走上社会之后，都有各自的人生经历和五味杂陈的阅历，或多或少也不免会沾染一点习气或其他嗜好，但总体上看，1981级这两个班的学生，不愿折腾、按部就班、循规蹈矩、本分老实的居多，不断转身归零、重新开始的，屈指可数。

多数同学毕业多年之后，安守本分，经济条件其实并不宽裕，那些当公务员的，多数如此。前几年，一位同学罹患重疾，有人发起募捐活动，希望能帮他一解燃眉之急，但响应并不积极。事后有同学私下表示有心无力的歉意，有的同学家里的困难程度接近窘迫，多数人属于“上有老下有小”的夹心阶层。我也是过来人，完全能理解他们；即便是杯水车薪，但总能略表心意，也可见这些“当官”的，“教书”的，多数是不敢贪、不会贪，清清白白过日子的老实人。

一个班级毕业之后，总要出几个热心人，老顾就是这样的人。他是苏州吴县乡镇企业家的长子，高考成绩优异，数学满分，第一志愿北大，却被调剂到了厦大。在校期间就十分热心参与社会事务，是学校保卫处学生纠察大队骨干，每天晚上到上弦场、演武场打着手电筒抓那些摸黑谈恋爱的同学，维持校园秩序；曾有过一次独自骑自行车从厦门到西

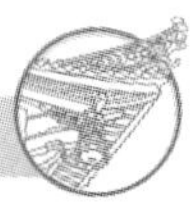

安，原本想重走丝绸之路的，但到了西安之后又折回，由此，厦门自行车厂奖励他一辆武夷牌自行车，成为轰动一时的新闻。老顾毕业分配回到苏州博物馆，之后辞职接了父亲的班，但热心社会事务一直保持至今，尤其是校友会事务。他是苏州校友会主要发起人，据说江西校友会也是老顾热心参与重建的。他与1981级同学的联系最紧密，几乎是活地图，我有时记不起班上同学的联系方式，都要向他请教，老顾对所有同学的近况如数家珍。他几乎每年都要去探望提前病退的老蓝，老蓝的孩子高考成绩出来后，他就忙着张罗筹集教育基金协助孩子继续升学深造。那天老顾告诉我，老蓝的儿子毕业了，现在厦门海沧工作，这也是一则让人宽心的消息。

厦大1981级历史系入学40年寄语之五

人生各有阅历，性格决定命运

20世纪80年代中期，我赴京出差，特地到华北电管局职工大学探望老冯，他很热心，邀请黄永光共进午餐。记得他买了一只老母鸡，用高压锅煮了很久，但母鸡的岁数实在太大，还是咬不动，成了那一年的趣事，在雍正登基前的王爷府附近喝老母鸡汤，啃啃不动的鸡腿，很值得留有一笔。

和老冯有过多次交往，在江西，在北京，在厦门。我在苏州和老顾一起，他驱车送儿子到南京大学，途中还特地拐进苏州，一起吃了一顿午饭，那也算是师生之情。

老冯于20世纪90年代下海，生意不容易做，但应该还能维持。他曾推荐江西一个度假村项目，我去过几次现场，也筹到了资金，但在尽调之后，合作者取消投资计划，留了些许遗憾。在商言商的事，不能马虎，这也是不得已之举，应该可以理解。

黄永光攻读博士毕业之后，留在中国社科院工作，古典文献整理研究成果累累，独具风格。某一年赴京，同学聚会，永光把自己灌醉，执意要我送他回家，回到家他酒醒了，而且很得意地对太太和老岳父说，你们还说我吹牛，你看我设计把杨老师带回家了。原来之前他常对家人说，我是他厦大的老师，家人都不信，于是永光耍了一个小计谋……永光的太太非常优秀，拿过国际广告界类似奥斯卡奖的奖项。

毕业之后这么多年，在广东和阿蓝接触最多，阿蓝是1981级第一个获奖立功的。上高中时，他因为从疾驰的汽车轮子底下抢救过一个路人的生命，获得当地市政府和学校颁发的一等功，这件事他从来不说，今天也算是一个历史补课。

曾勤善于折腾，换了几次工作，现在是一个大型国有企业人力资源部负责人，说起人力资源头头是道。谁承想，他也是给很多省委领导上过党建课的资深讲师。

阿炳是个自律性很强的体制内干部，一步一个脚印走到今天的独当一面，很不简单，有关他的自律，在广东官场也是有口皆碑的。

我和文超的互动更多，他担任潮汕校友会秘书长期间，我被派活的次数最多，但“锦麟公益基金会”在潮汕地区的“乡村图书馆”建设，文超出力最多，我一直心存感激。他还是急性子，说话直率，有时会无意间得罪人，但他是一个对人对事极为负责任的“大哥”，在潮汕地区，也有“大哥”风范。其实人很单纯、善良，人生路上虽然受过一些委屈，但终能坦然面对，“心无窒碍得大自在”。他夫人小邱在这方面的修为很深，也是我和文超学习的榜样。那几年我一有空就往汕头跑，和他多了些互动交心，和文超，也和启煌多了些人生经历的分享机会。启煌担任汕头市委副秘书长期间，我和国家会计学院院长邓力平，曾和时任汕头市委书记、1977级经济系校友的李锋一起喝过一次大酒，互相吹牛，我对李锋说，1978级高考，全省两名政治满分的，就坐在你的左右。李锋叹息，他当年政治才考

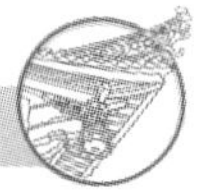

65分，可现在搞的就是政治，在此顺便提一下老杨当年高考的“佳绩”。

1981级70名同学出身干部家庭的寥若晨星，但即使为数不多，也是十分的低调和律己，没有人们印象中的“二代”趾高气扬、不可一世的模样（如果有，早就被我消灭在萌芽状态中）；绝大多数同学出身清寒家庭，一无门路，二无背景，每一个人后来的成长进步，完完全全都是靠自己打拼、努力出来的。走学术研究道路的，一分耕耘一分收获，作不了假，弄不了虚；体制内的同学，难免要按照既定的规矩要求自己，循规蹈矩，循序渐进。

人生各有阅历，很多际遇是时代造就的，也有很多际遇自己没有把握好，失之交臂；或自己因为各种疏忽，走了一些弯路，这其实恰恰是人生百态。同学们到了临近60岁的时候，会明白很多事，很多道理，我记得2013年在福州聚会时，和大家分享过，50岁之后，奔向60岁的速度极快。一转眼他们也都接近六旬，大家现在的体会应该比我深刻得多。

性格决定命运，关于各自走出校门之后的人生经历，每个人的体会应该很深刻。

清清白白处世，堂堂正正做人，这是我对自己一以贯之的要求，相信也是1981级70名同学对各自最基本的要求。

1981级毕业30年在厦门的聚会，来的同学比较多，我好像是喝醉了，衣服被红葡萄酒弄脏了。依稀记得是春才、文超送我回下榻酒店的，半夜酒醒，起身洗衣服，觉得自己有点失态。但这样的失态说明，我没把大家当学生，彼此相差10岁，最多12岁，我把大家当成自己的兄弟姐妹。

那一年，班上某位女同学惊慌失措地拿了一首诗给我，那是一首捧在手上都觉得滚烫的情诗，姑娘看来没读懂字里行间的滚烫。我约了那位“诗人”，在一个月色皎洁的晚上，在物理楼靠海的阳台上，履行辅导员的职责，这回不是扼杀萌芽状态的爱情，而是好言相劝，真的喜欢，三年级第二学期再展开猛烈攻势吧，好像这之后，此事也就无疾而终了。

住在芙蓉四，向往丰庭楼。那时丰庭楼女生宿舍是男生的禁区，全

楼只有一部电话，周末到那里邀请女生出来见面约会的，历史系的男同学不多，估计都是让老杨连哄带吓给吓没了念头。

那次聚会，广明和我分享当年他暗恋的女同学是谁，就好像老顾当年情窦初开时候似的，我自愧弗如啊！这几个家伙都是在宿舍里偷偷煮着狗肉，喝着猫汤的，即使脸上长满了青春痘，时常在宿舍里大声吼叫，发泄过剩能量，也不能不抑制住那一份不容易抑制的情感，老杨我真是罪孽深重啊！

一个迄今为止还没谈过一场轰轰烈烈恋爱的老杨，居然成了爱情杀手，性格决定的不仅仅是命运啊！

厦大1981级历史系入学40年寄语之六

1981级足球队，曾打遍厦大校园无敌手？

历史系是小系，人数不多，虽然喜欢体育运动的不少，但整体体育成绩不如其他系，与化学系、中文系、经济系、外文系等大系相比，校运会总成绩只能甘拜下风。但也有例外，我们班的高良喜，在中长跑比赛独领风骚好多年，1500米、3000米、5000米、1万米的冠军都是我们班的贡献。现在鹭江公证处当主任的苏国强，曾是厦门水球队青年骨干，是历史系在校运会得分的几个为数不多的主力队员之一。那时的历史系，除了向学校输出几位篮球队员、排球队员，没有太多可以吹牛之处。

但1981级历史系学生入校之后，情况似乎有所改观，班上喜欢踢足球的同学不少，可能是受到当年中国足球队出线亚洲，以及中国女排获得世界冠军的鼓励。

1981级两个班的男同学喜欢踢足球，成了芙蓉四一道风景线。广东来的，大概都下场了，广西的秦旺富满场奔跑，到处是他咋咋呼呼的叫骂声，守门员记得是老顾，总是伤痕累累下场，信心满满上场。青春期的

荷尔蒙过剩，绿茵场是充分发泄的地方，上弦场、演武场时常有他们奔跑来回的身影，这个时候不需要温良恭俭让。那谁的腿，不就是这样踢断的吗？别说1981级历史系，还真是踢出了一点名气。

30年后，1980级中文系的黄同学，现在某国家机关当局长，平时一幅当官模样，在韶关和我参加活动时，一提及当年和1981级足球队比赛老是输球时，还一脸不服气，足见当年的1981级男同学，还是有那么一点神勇。

来自上海的1980级小傅，足球踢得不错，也常和1981级足球爱好者合作，小傅后来成了1981级的家属，这是后话。

30年返校聚会，当年绿茵场上的骁勇小将，如今成了油腻中年，多数都有了肚腩，但他们还组织过一场友谊赛，究竟和谁踢，不清楚，反正半场下来几近虚脱的也有好几个。他们终于也有力所不逮、气喘吁吁的时候。

我和时任历史系总支书记许宏业（已故）一起，到南平参加1982级福建省内招生，那一届省内的学生都是我招回来的，所以我对他们的情况也是如数家珍。1982级老铁至今记得当年入校报到后，系里组织迎新晚会的所有细节，包括同学在人防工程礼堂表演手风琴独奏时的全部过程。对于那时的1982级新生，这些应该是饶有趣味的回忆。新生入学的迎新晚会，时隔多年之后，他们还能津津乐道，说明老杨还是组织调度有方，嘿嘿嘿。

我还参与过1983级山西省的招生工作，那一年厦大的所有山西籍新生都是我挑选的。两年前在北京和部分同学聚过，他们也都是50开外的人了。

但凡青春期大学生该有的行为表现，1981级的同学们都有过经验和记录，也许不像“90后”或“00后”历届学弟学妹那么精彩纷呈，但他们亲手挖过芙蓉湖，在校园里植过树，在菜地里偷过菜，在鱼塘里抓过鱼，在建南大会堂引吭高歌过，参加军训时打靶成绩虽一般，却发生过整梭子弹走火的事故。

那次，班级团支书（女）盲肠炎发作，我和班上几位男同学急忙把她往厦大医院送，值班主治医师不在岗位，情急之下，让现在人在美国的秦旺富给时任校长曾鸣家里打电话（那时校长家里的电话丝毫不保密）。我们嘱咐旺富电话一通就喊救命，此事惊动了校长，记得是曾鸣校长亲自到医院来，最后找到值班主治医师，及时做了手术，没酿成腹膜炎大祸。不这样急事急办不行，没落下什么后遗症真是万幸。

1981级在学期间，得益于老师的言传身教，有不少老师已经走了，许宏业、林耀欣、辛民新……傅衣凌先生、陈碧笙先生、韩国磐先生、陈国强先生等，都曾经在1981级求学期间授业释疑解惑，入学40年，100年校庆，总要缅怀当年老师们的恩泽。

历史、考古班的两位班主任施伟青、庄景辉都还健在，各位同学有机会返回母校，也要抽空前往探视问安。

四年的大学生活，很短暂，很难忘，也是各位走出校门，走上社会经风雨见世面的准备阶段。所有的回忆很难得，恍如昨日，其实也是倍加珍惜当年三年多相处时光的另一种真实写照。

青春无悔，人生无怨。对曾经的幼稚、舛误、过失的回顾和反省总结，应作如是观。

龙岩的老陈对《金刚经》的学术研究有独到之处，理应此时有共鸣，有掌声。

厦大1981级历史系入学40年寄语之七

好为人师，其实很讨厌，当众道歉，解了数十年心结

厦大历史系学弟、厦大新闻传播学院教授邹振东2016年毕业季曾

给学生留言:“你人生一百次谨小慎微，也要一次拍案而起；人生一百次放浪形骸，也要认真地爱一次；人生一百次不越雷池一步，也要潇洒走一回。”这个邹振东，是名副其实的人生导师，当年没让他毕业留校当辅导员，可惜了。对照一下自己40年前严格甚至于严厉对待1981级历史系70名同学，自省之余，觉得很有一点内疚。他们循规蹈矩，多数同学之后的人生旅途，拍案而起的机会不多，谨小慎微地面对不少，多数人没什么机会放浪形骸，多数时不敢越雷池一步，但是否能够认真爱一次，潇洒走一回，我不便深入探讨。如果和我一样，便是很想放浪形骸，很想来一次爱的邂逅，或者一场艳遇，却又是有贼心没贼胆，临门一脚总是下不了决心。责任不在他们，而在我的严厉或严格，这方面我把他们带偏了，留下了遗憾。

1981级的毕业季，也做了毕业纪念册，给不少同学留言，写了些什么，几乎都忘了，那一个时代的人，很难有邹振东这样毫无顾忌地“忽悠”，总要说一些励志的话。

2000年前后，和老顾联系上了，我受邀到他苏州家里做客，走进他家书房，只见书架上显眼处的一个小镜框里，竟是我当年在他的纪念册上写的一段话：

在命运的拳头痛击下，头破血流，但仍不回头。

还多写了一段话：

这句话是毛泽东同志在他女儿毕业时的赠语，亦为我所喜爱的格言。在你毕业之际，我愿意给你泼一瓢冷水，不能低估征途上的艰难险阻，更不能为艰难险阻所吓退，自古以来，多以为大丈夫者豪爽，侠风诸此种种即是。其实还有多一个深思熟虑的脑袋，一个遇

事不慌、不走极端的气质，倘使这样的话，我就可以断言，把你畅行天下的气概用到你的事业上，你才无愧于大丈夫的称号。

当年的行文，还是一副好为人师架势，其实很让人讨厌。

老顾家境不错，为人四海，仗义疏财。也因此，1979级考古学专业陆建芳，被老顾父亲委派为“财务总监”，宏观调控每月开支。

老顾真是有心人，把纪念册保留到现在也接近40年了，是不是可以考虑纳入文物，请班里一众考古学者、文物研究员给出鉴定意见。

我们那个时代的人，都是在命运拳头不断痛击下长大的。

感谢改革开放，相信1981级70名同学的子女们，即便命运的拳头偶尔也会痛击，但希望不至于像我们一样，各种款式的拳头如雨点般，一点都不给你喘息的机会。

老顾很用心，他知道我60岁创业，生怕我走弯路、邪路，几次亲自带我去凭吊范仲淹，凭吊林昭，提醒我不要轻易拿来路不明的钱，我心中暗笑，不由得感慨，这是真感情啊！不到40年，角色转换了，他成了我的“政治辅导员”。

1983年那一次他人告密风波，估计多多少少传入班上同学耳中。离开历史系之后，感觉有些同学开始和我有些疏远，刻意回避。还有个别的同学，毕业之后在校门口碰到我便视而不见，就这样骑着自行车擦肩而过。对此我总觉得应该是对方高度近视，出门忘戴眼镜，一时没瞧见。这一类偶发现象，其实也不奇怪，那一个年代讲政治是第一位，对一个政治嫌疑犯，避犹不及，划清界限，完全可以理解。

遭遇到这样的事情，心里没有一丝怨恨，以我的性格是很难做到的，但时过境迁，我更多的是抱以理解。我们自己不也是在高度讲政治的跌跌撞撞中一路走来，不断自省检讨，才能逐步多了一点同理心、平常心、包容心的吗？

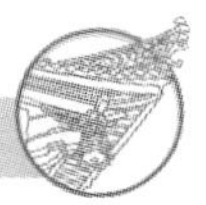

60岁那年，在福州的聚会上，我一开始发言，就当众对一位同学表示道歉，当年在她考取研究生是否录取问题上，我和班主任表示过不同的意见，时任学校党委书记吴宣恭采纳了我们的意见。事后得知，她是哭着离开厦门的，当时并不觉得怎样，但过后自己也时常后悔。

班上的几位同学总和我诉说在这之后她继续努力奋发，积极向上的人生历程，她不仅全身心投入本职工作，而且还连续考取硕士、博士，获得了博士学位，现在也是教育部门的一名高层领导。

老顾、阿兰去探望过她几次，老叶总在我面前为当年受委屈的闺蜜打抱不平。

那晚当众诚恳道歉，大家都感到意外和突然，反倒是在场的老顾、老叶和阿兰脸上露出了宽慰的笑容，老杨此举出乎意外也罢，意料之中也罢，那是老杨自己坦然面对的结果。

一切过往，皆为序章。

那晚酒喝得畅快淋漓，聚会结束后，1983级的李捷和一众仍亢奋不已的同学，续场直至凌晨才摇摇晃晃回到下榻酒店。

考古班两位女同学是“珍稀动物”，男女之间平素甚少互动交往。老郑后来出了一点状况，为了避免不应该有的结果，老叶亲自披挂上阵，四处为老同学申诉辩护，据理力争，寸步不让，她的仗义、热心，有了合乎情理法的结果。老郑继续活跃在考古挖掘的第一线，为落实习近平总书记对中国考古工作的重要指示，昼夜不休奋斗在文物考古现场。

另一位老郑，时隔15年之后和我第一次见面，就恭恭敬敬向我鞠躬，第一句话，就是“谢谢杨老师”，我心里别提有多么开心。

有感恩之心的学生，才是对老师的最大回馈。

厦大1981级历史系入学40年寄语之八

展翅高飞，自强不息40年，止于至善再百年

百年校庆在即，回顾与1981级历史系70名同学的曾经以往和此时当下，得出七点结论：

1.百年间，厦大学子得以世代传承，生生不息的，是每一个厦大学子时刻不敢辱没的嘉庚精神。

2.校训“自强不息，止于至善”，在每个厦大学子身上的实践，是具体行动，不是坐而论道，吹嘘出来的。

3.1981级70名同学毕业后的历程，勾勒出改革开放以来，最普通国人真实的画像，他们无愧于这个时代。

4.1981级考古班是那一届出类拔萃、人才辈出学生的缩影，由小见大，可见“南方之强”并非虚言。

5.与1981级70名同学结缘、在厦门大学求学工作的8年，是我终生难忘的经历。他们每个人都比我优秀，比我杰出，我乐意分享他们收获的喜悦。他们多半是普通清寒子弟，但书写了诸多的不平凡，他们同样是百年校庆的“王者荣耀”。

6.下一个百年校庆，我们都化为宇宙的尘埃，但我们仍会珍惜我们曾经的参与和见证。

7.祝福母校百年，期待厦门大学下一个百年。

厦大1981级历史系入学40年寄语之结语

一切结束，皆为序章

这是我和1981级70名历史、考古专业同学结缘，及他们毕业30多年点点滴滴的回顾，权当对百年校庆纪念活动的一点文史资

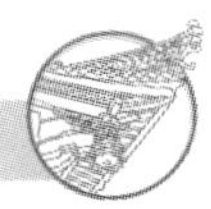

料补充。

不能再写下去了，再写下去就是风花雪月，大小情痴情种的八卦传闻。给自己留一点“师道尊严”吧。

文史哲的同学，除非个别偶尔，很难出现大富大贵，他们绝大多数凭着自己学来的专业知识，在本职工作岗位上，埋首伏案，勤奋努力，兢兢业业，教好书、做好研究、发表论文，成为教授、博导；文博考古现场的同学，30多年来，2/3的时间在野外、在考古挖掘现场，收入不多，日子清苦，自得其乐，都是不显山不露水的业务骨干、学科带头人。广明提炼的“本真，平实”，就是这个班级的文化内涵。

出身平凡的人脚踏实地，数十年专注做好一件事，也因此做出了不平凡的业绩。包括他们在内的历届厦大人，才是支撑起“南方之强”的根基，他们是厦大百年历史的参与者、见证者、记录者。没有他们，厦大百年黯然失色，厦大精神也无法准确找到目标物。

他们绝大多数人极为低调，但每个人端出来的学术成果，却又是一道又一道“奢华丰盛”的大餐。他们未必有权有钱，即使没有发生疫情，百年校庆，很难会邀请他们作为主礼嘉宾，云传播的邀请函也未必会发到他们每一个人的手中；即便走在校园里，也未必会被人发现，但他们都是各行各业实实在在的“大拿”，这是厦大百年不能忽略和轻视的精神财富！

再次祝福1981级70名同学和他们的家人，再次提前祝福他们在即将到来的60岁生日。余生很长，还有诗和远方，还有不敢忘却的责任担当，更有校主陈嘉庚的榜样，时刻勿忘“南方之强”！

吁嗟乎，南方之强！

吁嗟乎，南方之强！

我在厦大放广播

厦门大学1979级历史系　陈雪根

人生能赶上两个母校(厦大、北大)百年大庆,不写篇稿子似乎有点说不过去。特别是有很多老厦大人,听说我曾经在电台工作,每天早上起来放广播,几乎不约而同地说,那个时候"每周一歌"很紧俏,要是当年认识你就好了!这就坚定了我要把电台岁月写出来的想法。

印象中,我是入学第一年就去了电台。当时各系各级在电台都有学生,我去时,历史系1977级朱文、1978级陈佳在那里。那时,一般都是师兄姐带师弟妹,无须经过系里批准,纯属自愿,我已经忘了是哪位师兄叫我去的。在中学时,虽然也出过黑板报,但没干过广播,何况,那个时候的厦大广播台,不知何故,大家都不叫广播台,而叫电台。叫电台也许更神秘、更高大上吧!一听电台叫我去,好奇心让我毫不犹豫就答应了。

电台设在建南大会堂东北角,门口有一棵开花的铁树。常说千年的铁树开了花,没想到这么容易就能看到铁树花开花落。铁树左侧有一个台阶,拾级而上,门的左边挂着"厦门大学广播台"的牌匾,进去便是编辑部,机房就在编辑部楼上。刚到电台时,我只是当记者,把系里班里有趣的事报一下,也有各系的同学过来送稿子。电台归宣传部管,林琳老师在那里负责。我们不论大小都叫她小林,其实她比我们大不少。每天傍晚下课后,各位编辑到电台,从来稿和自采稿中挑选可用的稿子,编好排好,小林一般也是这个时候过来,把第二天要播放的校内新闻录到磁盘上。除了小林,还有1977级经济系的于建东、1979级计统系的梁建,后来又有来自北京的播音员1981级历史系的刘瑛。

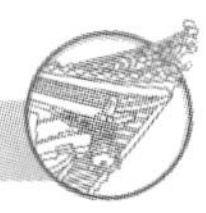

风行一时的“每周一歌”大都由小林确定，基本上都是当时流行的校园歌曲，确定后，再去刻写油印，然后发到学生会。因为印数有限，每个系也就发个10来份。偶尔也有同学朋友找我们要的，没想到竟然那么受欢迎，也许是我五音不全，所以没有感觉吧。那个时候，大家都买不起盒式磁带，更别提有收录机可以播放了，只有电台买了很多盒带。新买的盒带，我们先听为快，有时候也可以借走，也有人请我们帮着转录一些歌曲。很多流行歌曲、歌星就是这样熟悉的，借着这么好的条件，梁建在那里教我们跳舞。因为学校禁止跳舞，我们只能偷着学，像我这样既紧张又笨拙的学生，除了踩脚总也踩不到点上。我也恶补了一些音乐知识，直到王匡能老师给我们讲解了小提琴协奏曲《梁祝》，我才似乎懂了一些，也能听明白贝多芬的敲门声了。

我当记者时，写了不少稿子，以至于班里有同学调侃我，看来陈雪根没钱花了，今天又广播他写的新闻了。尽管是调侃，也是实情。写稿是有稿费的，几毛钱一篇，每月也能拿几块钱稿费。对于拿助学金的我来说，的确帮助不小。至少我除了吃饭，还有钱买点书，有钱偶尔去绿岛饭店吃碗花生汤，有钱买车票回家了。毕业时，我是带了一大木箱书离开厦大的。我也是从这里学会了写新闻稿。至今印象深刻的是，有一次学校开运动会，我写了一篇现场新闻，小林夸我写得好。我对新闻的兴趣也许就是因为小林的鼓励吧。等我1988年考上北大国政系，我原想一心只读圣贤书的，但最后还是经不住诱惑，当上了北大研究生新闻社社长。毕业时，我还是选择了新闻出版方向，先后去了人民出版社、中华工商时报社等单位找工作，最后到了中国记协的对外刊物《桥》杂志社，几年后，再通过考试进了号称“报林新军”的中华工商时报社，直到现在。本科毕业之后，除做了5年大学教师外，我一辈子基本上都是跟新闻打交道了。像我这样做了一辈子新闻人的，还有1979级中文系的肖伦添兄。他是一位有抱负、有正义感的记者，在电台时，他爱开玩笑，更

看不惯社会阴暗面，立志要为弱者打抱不平。后来因为写了几篇远华案的内参，震动福建内外，成了我辈仰慕的名记。

当了一段时间记者后，我们就开始做编辑，每天轮流编发稿件。在这之前，一般是跟着师兄师姐们学艺。1977级中文系的鲁建华师兄、1978级历史系的陈佳师兄都带过我。电台是个团结快乐的集体，没有长幼尊卑，也没有你争我夺，大家无拘无束，你帮我、我帮你，相互切磋，一起成长。每天傍晚下课后，是电台最热闹的时候。大家在一起嘻嘻哈哈，开开心心就把活干了。很多年过去，我们这些在电台奋斗过的“台友”，已散落世界各地，但依然保持着密切的联系。在这个集体里，小林就像大姐，呵护着我们，还经常从家里带些吃的东西给我们，连她的儿子杨小龙也成了我们的朋友。后来，小林去了香港，电台就由王匡能老师负责，同时她还在筹备成立艺术系。毕业时，我动了个小手术，王老师还亲自做了瘦肉汤送到医院，让我至今难忘。

小林是宣传部的，经常要处理一些宣传事务，有时就叫我们去帮忙，我们也乐此不疲。大会堂放电影，她要管排片，有时候还要亲自去放映。电台就在大会堂舞台东侧，有门相通，我在学校看的电影，基本上就是从电台进去看的。先是在舞台幕布后看一阵，觉得不错，再溜到下面的座位上看。印象最深的是有一次学校请了中央歌舞团来演出，演出结束后，我去台上，看到著名歌唱家臧玉琰在那里帮忙收拾舞台道具。那时他已经白发苍苍，在我眼里已经是一位老人，见到名气这么大的歌唱家还在那里干活，我受到了很大的震撼。有一年，学校请了丁玲和陈明来做讲座，我只知道丁玲与胡也频的故事，第一次知道陈明是她爱人。我记得那天丁玲讲了杜晚香的很多故事。临走时，是我和电台的人送她，路上，不少同学挤过来要她签名，我们就帮她挡着人群，直到把她送上车。我还帮着接待过徐铸成，学校把他请来做讲座，准备让他主持成立新闻系。当时我还想，如果新闻系在我毕业前成立起来，我就可以毕业

后去新闻系学习或工作。1981年，学校要庆祝60周年校庆，宣传部准备出一本画册，由小林负责。那是夏天，已经放暑假了，小林让我帮她找几个同学去拍照，我就找了我们班在校的同学，结果画册上有我班好几个同学，而我反而不在其中。照片拍好后，也是小林送到上海去制作印刷的，这本画册，我至今珍藏着。在电台，我不仅初步接触了新闻采编，也扩大了视野，增长了社会才干。

现在已经记不起来，是怎样的机缘，我住到了电台，负责放广播。每天清晨，我按时起来打开电源，把录好的新闻放到播放机上，放送每周一歌、广播体操、校园新闻、中央人民广播电台新闻和报纸摘要。伴着我播放的广播，寂静的校园苏醒过来，开始龙腾虎跃的一天。现在想来，这是一件需要责任心，也需要技术的工作，还是很有意义的。做过记者、做过编辑、做过播放，我几乎就是新闻“全才”了，由此奠定了我一辈子的新闻生涯。

特别值得一记的是，那时，大会堂西北角楼顶上有一口大钟，有一位老人每天负责敲钟，风雨无阻。确切地说，是他每天先叫醒了我。后来我组织历史系第一次征文比赛，1980级的郑俊琰写了一篇《敲钟人》的小说，被评为一等奖。每次我回厦大，我总要去电台门口照张相，看看门口那棵开花的铁树还在不在，去钟楼那里看一下那口大钟。2019年，我组织我们班入学40周年聚会，还特意去看了钟楼，敲钟老人固然不在了，但那口大钟还在，每天还会准时敲响！

军训的那些事

厦门大学1979级化学系　郭景东

身为厦大子女，我和厦大有超过半个世纪的渊源。在厦大求学7年，经历的往事如白城海滩的贝壳不可胜数。在诸多的追忆中，大学军训的记忆当是最亮丽的贝壳之一。

当时军训是在大二下学期的春夏之交。能从单调平淡的学习生活中解放一两周时间，相当于放了一个迷你假，同学们还是相当开心和期待的。当时军训是各系轮流，化学系开始时有的兄弟系已经完成了。我因发小的近水楼台，捷足先登认识了负责我们班的解放军班长。班长和我们差不多同龄，姓熊，江西人，中等个头。记得熊班长应该来自驻厦第31集团军，他带兵话不多，但干净利落，和蔼可亲，以言传身教为主。

军训从相对枯燥乏味的队列训练开始，地点在上弦场。我印象深刻的一件事是：走正步时，不知是魔怔还是根深蒂固的习惯，我总是同手同脚，走队列时就好似一队整齐的鱼群里夹进了一只螃蟹，极不和谐！我已经忘了当时熊班长使了什么招数，反正三下五除二就帮我纠正过来了。我猜想，大概这也是部队新兵的普遍毛病，班长经验老到，指导起来轻车熟路。

队列训练后还有投手榴弹训练、单兵战术、绑炸药包和简单的爆破练习，主要在厦大人戏称为“卡桑德拉大桥”下附近，即如今的厦大高尔夫练习场进行。投手榴弹貌似简单，其实不然。当时用的是67式教练弹，木柄的，个头大，足足有600～700克。力气小或者投得不得法的男生，都不见得能把它扔到爆炸半径外，对胆子小点的女生而言，那更是勉为

其难了。训练时只能把手榴弹扔到脚下的女生不在少数。记得我投了30～40米，中等偏上水平。当时有点遗憾，没机会投到实弹，不过也能理解这个项目是不适合实弹演习的。想象一下满地冒白烟的手榴弹，以及东扑西按的解放军班长们……画面太尴尬，还是练哑弹和谐。

单兵战术训练很刺激也很实用，要在最短时间内把自己的表面积缩到最小，还要完成从防守到反击的一系列战术动作，非常讲究手、眼、脚的协调和配合。班长一声“敌火射击”令下，我们就要在第一时间跨步卧倒，隐蔽自己，观察敌情，持枪匍匐前进10多米，然后出枪瞄准射击。一整套动作若能连贯流畅、一气呵成还是相当酷的。其实，我认为万事开头难，这个训练最难的是瞬间内毫不犹豫，无视地面条件地卧倒。这对平时小泥水坑都要下意识绕着走的象牙塔里的少爷小姐来说，是有些心理障碍要克服的。我本人很享受这个训练，结束时已经练到可以毫不犹豫地令行即倒，随后的动作十分连贯。我对这个训练印象至深，乃至多年后，若有需要减少表面积的场合，比如地下室修个锅炉，汽车底倒腾个什么的，还会自觉不自觉地用起这些动作。

当年我们军训用的是56式半自动步枪，人手一支，白天训练完各自带回宿舍。因为军训期间不用上晚自习，于是乎晚饭后，各宿舍叮叮当当的金属撞击声此起彼伏。同学们把枪大卸八块，枪刺、枪管、机匣、扳机、弹仓……依次摆开再逐一装回，旁边拿着手表计时。纪录一个接着一个被打破，最快纪录忘了是多少，应该在1分钟以内。当年几百支真家伙散在校园内，不知校领导是否会后怕。反正我印象中并没有出现枪支丢失或者其他安全事件，20世纪80年代初民风之淳朴，社会治安之好可见一斑。

军训课最刺激的压轴戏自然是实弹射击了。靶场就是现在的高尔夫练习场。每人5发实弹，100米卧姿射击不动靶，不限时间，这是我，也是绝大部分同学平生第一次实弹射击。56式半自动步枪的后坐力不大，又是卧姿，在此之前我们已经空枪瞄准练习过，三点一线的道理和子弹初速、加速等弹道理论初中物理都已烂熟了，大家跃跃欲试，都自信满满。谁料实操和理论还是有很大差别，神枪手大多是用子弹喂出来的。我打了40环，算是不错的成绩，多年以后我在北美室内步枪25码都超不过这个平均成绩。当然，我们年级也有几个高手：周同学头3发子弹打了30环，班长又额外奖赏了5发；李同学5发打了平均9环以上，班长不相信，说肯定是别人打偏了。殊不知李同学初中时就加入民兵，参加鼓浪屿海防前线的巡逻放哨，步枪射击是每年暑假的集训项目之一，打出这个成绩不足为奇。传说中的某某子弹打到心仪女生的靶上，我想是煽情电视剧看来的桥段。别说众目睽睽之下瞄准别人靶不易，菜鸟打中靶的概率更不高。

军训合照（第二排右二为本文作者）

军训结束免不了聚餐，军学同乐。相见时难别亦难，执手相看泪眼等不能免俗的场景一一浮现……当年不能互加微信、QQ，电话也不好打，只有互留通信地址了。学方留7907信箱，军方留×××部队，像在交换情报，倒也有趣。大块肉大碗酒，小黄同学自曝白酒喝多了，在芙蓉一的走廊洗冷水澡、练倒立，第二天皮肤因酒精过敏去了趟厦大医院。

我之后和熊班长通了几回信，互相勉励，贡献“四化”。再以后我们就各奔东西，想必熊班长已近退休，在家享受天伦之乐了。如今想起这段军旅生涯的小插曲，我希望熊班长也还记得厦大这班他当年的兵。

美美芙蓉湖的由来

厦门大学1979级经济系　林贡钦

母校无疑是最美的，依山傍海，校园中还有一个芙蓉湖，湖边树木茂密，郁郁葱葱，静谧如画，每个角度都可以作画。芙蓉湖像一颗镶嵌在校园里的璀璨明珠，是整个校园的眼睛，是最美校园的灵魂窗口。

厦大原本没有湖，是我在校时的那几届同学挖出来的。芙蓉湖原本是农田，穿过农田形成我们从宿舍到教室的便捷之路。芙蓉湖至少引出几个相关联的信息：一是湖周围的许多学生宿舍是以芙蓉命名的；二是对厦大校园建设做出过重大贡献的李光前的家乡是南安芙蓉乡。我每次返校，都会徜徉在芙蓉湖边，回想在母校的学生时代，希冀获得灵感和顿悟。

依稀记得是在1981年厦大60周年校庆活动以后，学校开始将我们住的芙蓉二前面的一大片农田挖建成芙蓉湖。当时我是大三的学生，前后几届的在校学生顺理成章地加入了挖湖队伍中。

芙蓉湖开挖后，我们全班同学在指定时间和指定地点进行农田土方开挖作业。班上同学多数是恢复高考后考进厦大的高中应届生和往届生，只有少数几个是来自农村的知青或来自工厂的工人。挖土工地上，没有“农业学大寨”的锣鼓喧天和红旗招展，没有“工业学大庆”的热火朝天和捷报频传，也没有挖土机轰鸣和运土车辆穿梭不停的场面。同学们使用着最原始的生产工具，用锄头挖一米多深的泥土，肩挑簸箕运土，有点像蚂蚁搬家的场景。大家都在嘻嘻哈哈，磨磨蹭蹭，挖多少土，运多少土，尽力而为，甚至有的同学还在翻书备考，背英语单词……大家几乎在半干半玩，消磨时间，盼望早点收工，每天挖不到几立方土。

由于工程进展缓慢，出不了活，负责进度的老师颇有微词。我身为一班之长，入学前曾是一家大型国企生产线上的工人，当然知道这是“大锅饭”造成的“磨洋工”“出工不出力”的通病。我不愿意在工地上虚耗时间，就主动与负责催进度的老师商量，希望在保质保量完成挖土方量后可以提早收工（我当年在车间班组里就是这么干的）。当时全国农村已实行家庭联产承包责任制，许多企业开始实行厂长、经理承包经营责任制，以实行各种经营承包责任制为标志的经济体制改革大潮已经席卷全国，也冲击着大学校园，冲击着我们这些把《资本论》当作“圣经”来读的经济系学生。

我们班率先实行了挖土方量承包制。我明确告诉大家，挖完运走定额土方就收工。同时，我对工作人员进行了合理分工，安排身体强壮的男生负责挖土方，体弱的男生和女生负责运土，原来在工地上磨蹭一下午干的活，用不到两小时就完成了。

偌大的芙蓉湖建设工地上，每天都有许多班级的同学在挖土方，每当我们完成任务早早收工的时候，许多羡慕、诧异的目光便投射过来。我们班的同学十分得意，该休息的休息，该上教室的上教室。承包工程的方法不胫而走，许多班级纷纷效仿，大大加快了工程进度。一大片农田就这样变成了有10多万平方米的芙蓉湖，成了厦大一景，并由此成就了许多厦大故事。

每每返校，我总要到芙蓉湖边转悠，徜徉在湖边，总能看到几只黑天鹅悠游在平静的湖面上，触景生情，透过一泓湖水仿佛还能看到当年挖建美湖的场景。桑田沧海，回想在母校的学生时代，总能获得灵感和顿悟。老校友不一定都知道农田是如何变成芙蓉湖的，新校友都以为那是天然净水湖。芙蓉湖不是通过“杠杆”省力造出来的，而是奋斗出来的，芙蓉湖是我们这几届在校同学及学校老师职工共同挖造出来的。正是一辈辈厦大人的努力奋斗，使得厦大在“止于至善”的引领下，更强更大。

最美诗缘“情人谷”

厦门大学1979级中文系　王伟明

我到过许多美丽的地方，心中的最美当属母校——厦门大学，而情有独钟者乃是“情人谷”，缘此，我作了一首小诗。

一

我在45岁“高龄”才初识“情人谷”。2008年秋，我因备考北京某高校的公共管理研究生，选择了重返母校进修。我寓居于侨联宾馆，这里背倚青山，浓荫密布，甚是读书好所在。一日，做传媒的学兄陈飞鹏君来看望我，见我宿舍杂乱，书本狼藉，又听我诉说连续参加模拟考试的种种辛苦，遂连连摇头道：“老弟，别这么闭门苦读，把自己整成苦行僧！”他拽着我说，出门透透气吧。

沿着山道上行，拐过两道弯，我的眼前豁然一亮：

好一个静谧的山谷，草木葱茏、鸟语花香，青山环抱着明镜似的湖，如处子般羞涩，火红的凤凰花若隐若现，更使她平添几许妩媚。

真美啊，我不禁感叹。

“这就是‘情人谷’啊，凡是厦大学生，都必定到这里寻‘梦’……”

说来惭愧，我在学生时代并没有到过这里（当年似乎也没有这个名称，只唤作“厦大第二水库”）。飞鹏兄得知，不免好笑又叹气：“这么美的地方，你这么个‘中文才子’怎么可以没来呢？”

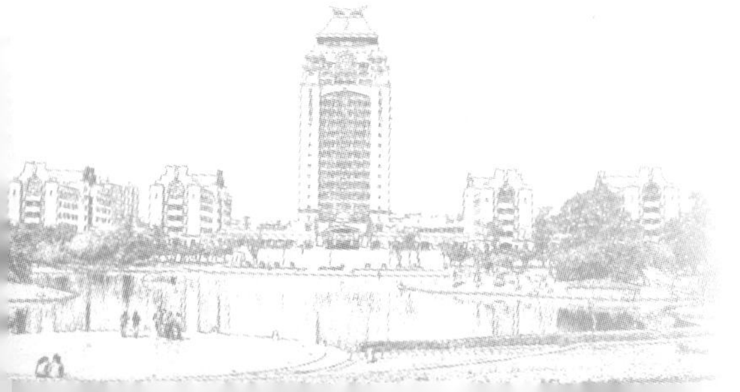

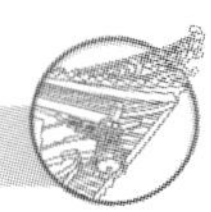

二

自从结识情人谷，住在校园里的那段日子，我就朝夕与之相伴。清晨，我到这里晨读，背诵英语单词、模拟试卷答案；黄昏，我到这里散步，放松紧绷一天的神经。坐在树荫下，凝视着平静的湖水、青翠的山坳、瑰丽的霞光，回想着30年前如诗如梦的青葱岁月，我心中涌出一种难言的欣悦。

而飞鹏兄的一席话，又加深了我对情人谷的情感。一个月的受训结束了，离校前夕，飞鹏兄来为我饯行，利用黄昏的一点空当，我们相约再赴情人谷向她作别。

在厦门这么多年，我最喜欢傍晚来这里，先在水库里游泳，然后静静地坐着，慢慢品味山谷中的一切。尤其是，看着天边燃烧的晚霞，曾经那么热烈，继而变得暗淡，它象征青春、象征爱情，犹如人的生命过程。每每此时，你心中就会翻涌对人生沧桑的无穷感慨。情人谷之美，美得让人陶醉、让人心碎啊……

三

身临佳景不可无诗，然而我却没有等到灵感的到来。时过境迁，我脑中依然一片空白。某夜在小区散步，月色朗朗、微风徐来，有一首轻柔的音乐沁人心脾，我突然灵光一闪：我们的母校，应该产生一批朗朗上口、动听悦耳的校园歌曲，让一代代的学子铭记心间、四方传唱。由是，我尝试着写出了一首《凤凰花开的时节》(歌词全文见厦门大学校友总会网站发布的我的文章《一瓣心香献深情》)，完成任务后，我依然意犹未尽。

一次赴厦参会时机，我突发奇想，邀约飞鹏兄再上情人谷。遗憾的是，因为生计需要，此时的飞鹏兄，正在北京重新奔忙事业，创业打拼。

我独自一人，静静坐着，看蓝天丽日、云卷云舒，看青山碧湖、妩媚妖娆，脑中的蒙太奇，忽然闪现出飞鹏兄说的一席话，顿觉它可以成为诗作的“诗眼”，于是，我迅速按动手机打出一首小诗《情人谷》，写毕，我终于有一种如释重负之感。

但是，我有自知之明，这首小诗，仅是表达自己的主观感受，未必能准确反映厦大学子的心声。因而，我不求发表，亦无作交流，只把它藏于自己的手机里。

近日，得知飞鹏兄将远赴美国长住，我顿感怅然若失。当年他盛情为我饯行，而我未必有机会循礼回敬。寻思之中，猛然灵机一动，何不把手机里的那首小诗作为送别赠礼呢？亲爱的飞鹏兄，不知你意下如何？

情人谷

青山环抱湖水
晚霞秀出妩媚
南风徐徐吹来
开满凤凰花蕊
啊，寂静的情人谷
美得让人陶醉……

湖边伫立的女孩
长发飘逸楚楚风采
美目盼兮巧笑倩兮
摄我魂儿飞天外

往事成空
何处寻找她的芳踪

满腹心事向谁诉
唯有蝉儿在呢喃
啊，美丽的情人谷
寂静的情人谷
美得让人落泪
美得让人憔悴

（本文选自厦门大学校友总会网站“群贤文苑”栏目，收录时有删改。）

乘桴出海

厦门大学1979级海洋系　王子贤

好男儿志在四方。地表超过七成面积是海洋，因此好男儿都做过出海梦，连孔夫子也不例外，“道不行，乘桴浮于海”，虽然境界其实不高。

哥伦布出海，发现新大陆；麦哲伦出海，发现环球航线；达尔文出海，发现进化论的证据……但大海始终有更多的未知，值得人类探索。

我们海洋科学的学子，是能够实现出海梦的幸运儿。

40年前，厦大海洋系的调查船“海洋一号”，曾多次搭载我们出海，去做样本采集。那是一艘20吨小木船，简陋老旧，活动范围有限，但趣味不少。

我们去过集美的低潮区，泥滩很宽很长，底栖动物种类丰富。我们去过宝珠岛，因为人迹罕至，潮间带不仅种类丰富，生物量也很可观。我们回来后做完计数登记，还美美地吃了一顿。

更好玩的，是参观两家养殖场。一家是牡蛎养殖场，从事牡蛎养殖及蚝油蚝豉加工。重点是我们在那里吃了一顿牡蛎餐，鸡蛋大小的近江牡蛎，新鲜肥美，煎炸蒸煮轮番上阵，吃到我们吃不动为止。另一家是水产育苗场，研究真鲷的育苗技术。育苗场牺牲了两条硕大的真鲷亲鱼，迎接我们的到访，没有辅料，基本上就是白水加盐煮熟，连汤带鱼，用两个大盆装起，极度简约，但那是我吃过的最鲜美的鱼汤。

1982年夏天，我们登上国家海洋局的“实践号”，参加东海断面调查。“实践号”是3000吨级的大型调查船，断面调查是将海区按经纬度画出方格，然后进行定点采样。

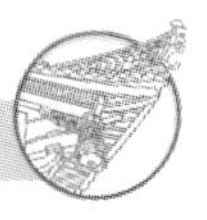

同学们都在20岁上下，我们兴高采烈看日出，看日落，看星星，看飞鱼，看海豚，然后对着海天相接的蓝色巨圆发呆。

厦大的毕业生都优秀，而海洋系的学生，更有全球视野，因为我们见识过那个蓝色巨圆。或许只有天文系的同学，有更为广阔的星际情怀吧？

10年后，我在法国出海。调查船*Pluteus* Ⅱ 30吨，也是木质结构，40多年高龄，但设备完整、动力丰沛，最重要的是，抵御不良天候保持运作的能力，令人匪夷所思。

那次航次的任务之一，是在塞纳河口，做连续24小时定点采样。每小时采样一次，包括5个样本，需时超过50分钟，因此几乎没有间断。我负责其中12小时，虽然不轻松，但我是出身“海洋一号”的老海员，应付挑战游刃有余。

可是一出河口，我们就遭遇英吉利海峡的狂风巨浪，难度骤然倍升，而负责另12小时的法国同学，根本起不了床，结果，整个甲板上，只有我一个没有感官更没有能量的游魂，仅靠一丝残存的意志，机械地重复采样的操作。

无限长的24小时，在我完全崩溃前，终于宣告完结。值得骄傲的是，一起经历过风雨飘摇不见天日的境遇后，老船长以海员的方式，肯定了我作为同伴的资格。

根据报道，2017年开始，厦门大学拥有了海洋学人的航空母舰：全球级、无限航区的3000吨级海洋科学综合考察船“嘉庚号”。

尽管我已经上岸多年，可是我不时梦想，我是一只老海龟，我要上“嘉庚号”，再出一次海，再看一次蓝色巨圆……

谁知道呢，说不定机缘巧合，我拼上老命，再做一次24小时晕船工作两不误的表演，还能博取小海龟们的尊敬呢。

怀师录

——悼念郑朝宗先生

厦门大学1979级中文系　俞兆平

先生走了。在我有生以来心境最为暗淡的时日里，先生走了。师母走后，先生曾在百日之祭写下一篇令人潸然泪下的情性之文——《怀清录》。而今，我亦仿先生，为此文题曰：《怀师录》。

在先生的告别仪式上，我脑中闪现的是“功德圆满”“实至名归”这8个字。“人生非金石，岂能长寿考？”若按自然规律而言，先生走时90高寿，乃人世间难得的“金石”之寿，况且先生毕生传道、授业、解惑，所哺育的弟子遍布海内外，其功卓著，其德崭然，口碑载道，众望所归。若论学术，先生著述丰赡，20世纪40年代评涉中外小说，神思通达，博辨纵横，自成一家风采；80年代，先声夺人，挟古凌今，开中西方“钱学研究”之先河。从教者、为师者，若能如此，亦不愧己一生。但先生还有一手——一支生花妙笔，其散文承“清华”一脉，醇净绵密，情文融和，内里的功力只有品味再三，方能悟得。先生常说：“理论靠勤奋，创作靠天分。”他在内心深处崇奉的更是“灵性”“神思”，所以在我的心目中，先生首先是一位诗人，而后才是授业者。也正因为如此，先生才会“以言语获咎，困顿三年，幸免沉沦”（《怀旧》）。为先生策划、出版《梦痕录》一书的香港三联书店编辑梅子先生曾与我谈及两辈人文笔之距，他认为先生那一辈人奠定国学根柢的环境氛围，如家学渊源、文脉气韵等。所以能把西洋文化与中国文化融为一体，拓出新境的，如钱锺书、宗白华、郑朝宗先生这样，恐怕吾辈永难企及。此说我甚赞同。我想，这可能就是《读书》

《随笔》等杂志的编辑们一拿到先生的文稿，便爱不释手，赞叹再三，不敢妄加删动，唯恐佛头着粪的原因吧。

但是，望着灵柩中先生瘦削而安详的面容，我又不愿意相信这一切是真实的。20年的时光难道就这么匆匆地逝去？带走了先生，也带走了我们的青春！1979年，先生与许怀中先生联合招收了厦大中文系首届文艺理论研究生（共8名），我也有幸忝列于内。那日在鲁迅纪念馆楼上，先生诵读自译荷马史诗中《安娘曲》一诗时神采飞扬之状；先生讲解《管锥编》"心同理同，正缘物同理同"时洞瞩明察之貌，迄今仍历历在目。印象犹深的是，先生以70高龄赴京参加全国第四次文代会，回校之后，神情振奋，演讲多次，呼曰："中国的文艺复兴时代到了！"让你绝对想不到先生已是古稀之人。

1982年中文系首届文艺学研究生毕业合影，前排左二为郑朝宗先生

先生在讲课中，除了对鲁迅、钱锺书先生推崇备至之外，对宗白华先生也赞赏有加。他说："《美学散步》中《论〈世说新语〉和晋人的美》一文，乃空前绝后之作。"这是我所听到先生唯一一次用"绝响"之标准来评定一篇文章的，我觉得其中透露出先生的人生价值取向：超然澄澈、淡泊明志乃极致之美。先生一生，经战乱，遭困顿，大起大落，历尽沧桑，故而看透功名利禄，鄙视名实难副之徒。先生谈到未拿学位提前回国之缘由时说："中国人研究中国文学，却要到英美去拿博士学位，岂非怪事？"

或许这便是他和写《围城》的钱锺书先生成为莫逆之交的缘由之一。

先生对于哲义、宗教等，多取顺其自然之道。师母信佛，温良慈善，其时因住房狭小，从北村搬到西村，却不幸身染沉疴，终成不治。先生为此，曾两次对我感叹道："若师母还住在北村，不至于此。"我知先生之意，因先生在北村的寓所（我后来亦住于此楼），打开窗户，近旁便是一高僧之墓塔，师母虔心，必获庇佑。先生为人可贵之处，便在于此。他宽容、顺和，尊重他人的选择，而不是刚愎自用，强加于人。在对弟子学业的指导上，亦是如此。我们撰写硕士毕业论文，在选题上先生的一条原则是：依性之所近而择。我早年写诗，亦喜诗论，故先生赞同我以闻一多为研究对象，终历数年辛劳而成"正果"。

在先生执教60周年纪念之际，我写了篇散文《"梦痕"中的先生》，得到先生首肯，他笑道："你算是踏上散文的门槛。"先生为人宽容，但对弟子学业要求却极为严格，极少赞许，以至年届半百的我听了这句稍微算是表扬的话后，竟有了点飘飘然之态。此后，不知是有意，还是无意，先生在与我交谈中多提及往事，但当时我并不在意，仅以为闲聊而已，未留下只字笔录，现才追悔不及。这些往事，我曾与数人谈及，他们均未闻之，可见有录下之必要，以便为将来系统地研究先生的生平著述（愿有这么一天）提供点线索。

先生缘何应王亚南校长之聘离英伦回国呢？此中缘由在于他俩神交已久。先生说，20世纪40年代，他和王亚南校长都在上海一家进步杂志《时与文》（周刊）上发表系列论文，王校长写的是政治经济学方面的文章，先生则是关于中外小说的评论。两人的政治倾向、价值取向默契合拍，人未相会，神却交应。"惺惺惜惺惺"，王亚南校长到厦大后，便遥望海天，力邀先生回国，主政中文系。

先生离英之际，因政治倾向过于鲜明，护照等被亲蒋的台湾留学生（实为特务）偷走。先生从香港抵达广州后，担心补办的证件手续不齐全，惹出麻烦。未料到广州后，负责此事的军代表在会见先生时，则对先生

大为赞扬，高度评价先生与台湾特务斗争的勇气，肯定先生对新中国、对共产党的一片忠诚。

先生说，他回到厦大后，一下就戴上了五顶“红帽子”(我记得大概是厦门市文联主席、厦大中文系主任、厦大工会主席，以及土改工作队队长等)。没想到时乖命蹇，1957年“以言语获咎”，一夜之间变成一顶“白帽子”。在此之后漫长的20年中，先生动辄得咎，忍辱负重，历尽人间磨难，尝遍世态炎凉。对知识分子而言，精神上的摧残，尤为酷烈。先生辞世前的一年，偶尔会发生意识迷糊现象，有时竟会问及：“中文系运动搞完了没有？”闻此言，我无法抑制眼眶中的泪水，此等心灵的创伤绝非你我所能感受得到的。在先生的追悼会上，我从悼词中方得知先生在1935年“一二·九运动”时，担任过清华大学学生会主席，在烽火连绵、民族危亡之际，能胜任此职定为群体中的佼佼者。遥想当年先生意气风发、挥斥方遒之英姿，与今对照，判若两人。当然，历史是不会为个体承担些什么，但对历史的是非功过，我们这一代人应做出判断。

先生还告知，《记萨本栋先生》一文中顺笔提及的在长汀与萨校长争吵的那位教师，乃现在上海某名人。此文发表后，该名人曾在《随笔》杂志上刊登两篇文章，对先生发难，颇有泄私愤之态，有失名家风范。当时，我曾问先生：“弟子们要否应战？”先生阻止了。由此，也透示出先生一贯信奉的“无欲则刚，有容乃大”的人生宗旨。

人可以被客观所扭伤，但绝不可以被客观所扭曲。历尽磨难的先生从未放弃过自身的信念与追求。1978年，先生从黄山归来，写了一首七绝述怀：“八闽文献久消沉，敢有豪情继严林？已分冥顽同槁木，山灵触我旧时心。”先生毕生尊重他父亲一辈的朋友严复、林纾、陈衍这几位老先生，他“生平深愿是使本省文化恢复到严复、林纾时代，居国内前列的水平”(《海夫文存》)，“使落后的福建再度蜚声全国”(《记林纾》)，这是先生的遗愿。我们能做到吗？能使先生安息吗？

厦大男排的黄金时代

——兼忆厦大男排参加1984年全国大学生“兴华杯”排球赛

厦门大学1979级物理系　郑海涛

厦门大学1980级经济系　黄　端

我们在厦门大学学习的时代，正是1977年中国恢复了中断多年高考的时代，国家百废待兴，德智体教育都在逐渐走向正轨。各项大学生联赛开始复办，其中全国大学生排球赛从1980年开始举办，每四年举办一届，各省高校队先按省进行选拔淘汰，获得冠军的队取得参加全国大学生排球赛决赛阶段比赛资格。

第一届全国高校“三好杯”排球比赛在大连海运学院举行，厦门大学男子排球队（以下简称厦大男排）在小组赛中一路过关斩将，最后仅以2：3负于中山大学队，获得小组第二，并取得参加在青岛山东海洋学院决赛的资格。最后，厦大男排在决赛中获得全国高校男排第八名的好成绩。从此开启了厦大男排跻身全国高校男排前列的黄金时代！

而恰好在20世纪80年代，中国女排连续于1981年世界杯、1982年世锦赛和1984年洛杉矶奥运会上夺得冠军，在全国掀起了排球运动的热潮，厦门大学也不例外。每逢中国女排的重大赛事，每当中国女排取得冠军，学生们都会自发走出宿舍、走出教室，在校园内庆祝狂欢，到运动场上传球、扣球。厦大男排就是在这样的基础上组建的，整个队伍中没有一名专业运动员，是一支真正在全民健身运动中成长起来的业余运动队。之后，虽然队员有进有出，来源日益多元，也吸收了个别退役的专业运动队员，但铁打的营盘流水的兵，厦大男排始终都没有挂靠任何一

支专业运动队或使用挂靠现役专业运动员，一直保持着业余运动队的性质。这支队伍来自校园，普及于校园，受大众喜欢，鼓励人人参与，号召大家“强身健体、健康向上”，成为厦大校园一道亮丽的风景线。扎根于全民健身运动之中由此成为厦大男排的金字招牌。

受中国女排夺冠鼓舞，1984年全国大学生排球赛特取名“兴华杯”，意喻“振兴中华”。对于在全国排球热中举行的这次比赛，各省高度重视。参加这届比赛的一些高校开始出现特招专业退役运动员、聘请外援（主要是邀请个别专业运动员）和挂靠专业运动队（个别省市以青年队出战）等现象，比赛难度明显加大，比赛水平有了明显提高。但是，厦大男排依然秉持实事求是的态度，保持业余运动队的结构，全部队员都来自厦门大学学生。带着全校师生的期望，我们踏上了艰难的、前途不明的比赛征途。

1982年获得厦门市第十届市运会排球赛冠军的厦大男排合影
（后排左起：陈永春、陈志勇、蒋开方、杨建艺教练、吴博厚教练、胡刚、林滨、李新辰；
前排左起：黄端、洪国湧、吴自强、邵志文、郑海涛、张俊强）

参加1984年全国高校“兴华杯”排球赛的厦门大学队由1980年到1983年进入厦门大学的在校本科生、研究生组成：1980年入学的漳州的蒋开方，福州的黄端、林滨，四川成都的吴自强；1981年入学的漳州的王建平、陈志勇，三明的陈永春，莆田的张俊强，福州的许敏松等；1983年入学的北京的李新辰、陈斌，以及漳州的郑海涛、杨书农等。教练由体育教研室的吴博厚老师担任，之后随着北京体院毕业的福建省青年队原主力二传手杨建艺、福建师大体育系排球专业柯玉坤和另一位北体毕业的刘俊勇到来，教练队伍也得到加强。在全体运动员、教练员的共同努力下，厦大男排整体水平又有很大提高，球队的技术战术意识也提高到一个新的层次，在赛前进行的一系列热身赛中都取得了良好的成绩，先后获得1982年厦门市第十届市运会排球赛冠军和1983年福建省排球联赛亚军。

1983年获得福建省排球联赛亚军的厦大男排合影
（后排左起：杨书农、黄端、吴自强、林滨；中排左起：李新辰、蒋开方、郑海涛、陈永春、化学系陶烃老师；前排左起：经济研究所胡刚老师、杨建艺教练兼队员、吴博厚主教练、体育室柯玉坤老师）

1984年，“兴华杯”全国大学生排球赛首先进行了省内高校选拔赛，厦大男排顺利取得了福建省高校冠军，代表福建出战。最终参加这次比赛决赛阶段的人员为：领队黄渭铭；教练员吴博厚、杨建艺；队员郑海涛、

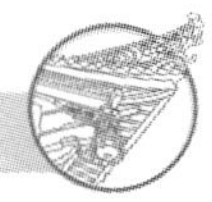

杨书农、吴自强、黄端、蒋开方、林滨、张俊强、陈永春、陈志勇、李新辰、许敏松、陈斌和胡晓光（工作人员）。决赛阶段，比赛地点为复旦大学。作为东道主的复旦大学，已经为本次比赛做了大量的筹备工作，以保证整个比赛能够顺利进行。当然复旦大学也为取得比赛好成绩做了充分的准备。据复旦大学队教练介绍，为了准备这次比赛，他们一是招收、补充和调整了队员；二是赛前与人高马大的北方高校排球队进行了较充分的交流，基本交过手，都心中有数。但与南方高校交流较少，对厦大男排不了解，但对当时称霸国内排坛的福建男排还是久仰大名的。因此，1984年“兴华杯”全国大学生排球赛揭幕赛特地安排复旦男排与厦大男排开打。

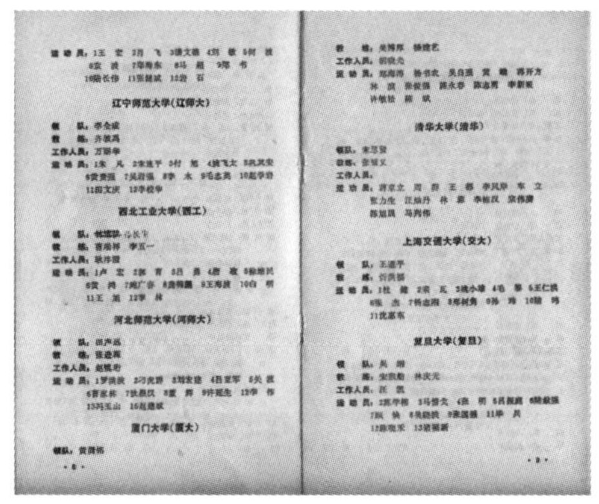

辽宁师范大学（辽师大）

西北工业大学（西工）

河北师范大学（河师大）

厦门大学（厦大）

清华大学（清华）

上海交通大学（交大）

复旦大学（复旦）

1984年参加兴华杯全国大学生排球赛手册和参加人员名单

在开幕式揭幕赛的整场比赛中，我们双方可谓发挥了各自的特长，双方一攻差不多，我方以小快灵为主，对方以高大猛为主，多次相互交换发球权，但毕竟对方场上以专业退役球员为主，在往返球和防守上优势明显，最后我们还是输了这场比赛。但揭幕赛很好地发挥了厦大男排的水平，锻炼了队伍，展现了厦门大学的风貌。在随后的比赛中，我们不畏强手，克服了伤病的影响，认真地打好每一场比赛，当然也不放过难得的

机会。这届比赛最大的亮点是我们以3∶2险胜以天津青年队为主体的南开大学队。这是一场业余队逆袭专业队的精彩之战，虽然大比分我们赢了，但每局得分我们比南开少，这说明关键球我们把握得好！

我们在比赛后才获悉，这次全国大学生排球赛，有几支球队动用了省市青年队挂靠大学生队出战，其他队也多多少少吸收了退役球员或省内其他高校优秀选手联合组队参赛，只有厦大男排和少数球队是由本校学生球员组队。由于专业球员介入比较多，实际上本次比赛水平非常高，前几名都是青年队和专业队球员为主的队，厦大男排已经是超水平发挥了，最后获得全国高校男排第七名，顺利完成了比赛任务。这次比赛，可以算是我们为20世纪八九十年代的厦大男排的辉煌完成了其中的一段里程，尽了我们的一份力量。作为一支活跃在中国南方、名列中国大学前茅长达20年的球队，我们努力为南方之强添砖加瓦。

比赛期间，还发生了一些温馨感动、令人至今难忘的事情。在乘火车前往上海途中，黄领队和吴、杨两位教练为了让球员保持体力，特地把他们的卧铺让出来给我们队员轮流休息，他们则一路坐着。比赛期间，队员们齐心协力，不分场上场下，共同完成比赛任务。比赛中，吴自强同学急性黄疸型肝炎发作，教练组及时安排治疗，给予饮食营养照顾，吴教练还在比赛结束后亲自把他送回杭州家中。

岁月如梭，一晃那场比赛已经过去了近40年，大家也各奔东西。那些年，我们曾经一起在厦大球场上洒下过淋漓的汗水，在赛场上流下过激动的泪水，践行着德智体全面发展，完成了我们那一代人的神圣使命，于平凡中为南方之强添上浓墨重彩的一笔。

（本文两位作者均为厦门大学男子排球队原队员，写作、整理过程中得到厦门大学男子排球队原全体教练员、队员的大力支持和帮助，在此一并表示真诚的感谢！）

我在厦大抢水的经历

厦门大学1980级中文系　陈晓松

我来自赣北，中国第一大淡水湖鄱阳湖滨。20世纪80年代初，小地方基础设施虽然很薄弱，自来水经常断流，但滨湖地区河港溪涧密布，井水取之不竭，从未有缺水之虞。况且那时候，意识里没有概念区分淡水和海水，因此一到厦大感到特别惊讶，一座在我们眼里很繁华的城市、一座被水团团包围的小岛，竟然被缺水所困，而且这一困，就是整整四年！

也就是说，抢水是我在厦大印象最深刻的经历之一。只是这个经历不像别的事情仅仅一个单片，而是一个系列，一个每天持续的系列。

进厦大时年轻，十六七岁，对环境不挑剔，适应能力强，很快度过了最初的忙乱和无措，知道如何来应对缺水的状态。

学校供水应该是有时段的，但我没有明确的概念，只知道早中晚都要供水一次，时长也不明确，管子有水就用，没有了就把衣服丢在那里。没有时间观念，怎么知道是否有水呢？这一问，就暴露了没有20世纪80年代在厦大生活的经历。告诉你吧，听脸盆声，听脚步声。只要一来水，就是脚步声嘈杂，脸盆哐当响成一片。我们芙蓉四三层楼，每层两头和中间，都有水槽，每当恢复供水，都是整栋楼最热闹的时候，好事者一呼唤，水槽边马上人头攒动，你方洗罢我登台。临近元旦、国庆和校庆，供水的时间似乎会长一点，洗漱可以舒缓惬意一点，更是走廊歌唱家们大显身手的时候。所以说抢水真为单调的校园生活增添了色彩。

因为没有不缺水的时候，所以大家也就养成了习惯。每次洗漱之后，都会接一脸盆的水，放在宿舍门口的脸盆架上，以备下回缺水之需。实际上这也方便了其他同学，因为每次都会有人抢不到水，他就会到脸盆架上去找，看哪个人脸盆比较丰盈，就薅一些。当然他不会死心眼，单单把一盆薅得一干二净，只是均匀地薅。而且，这次是他薅人家，下次可能就是人家薅他。在厦大，没有薅过洗脸水的人，经历是不完整的。正是因为互薅是生活常态，所以，我从来没有看到同学之间因为薅水闹出什么不愉快的。

自来水供应是定时而且短暂的，所幸还有井水有得去抢。

我们芙蓉四大门前右手边就有一口水井，我的印象是，衣服放得发出一股怪味必须洗的时候，夏天不洗澡睡不着的时候，就会去井边打水。所以那年头在厦大，每个寝室一定备有几个铁皮桶，还有几根长长的麻绳或塑料绳，作用就是去井边打水。井边打水也必须靠抢，一色的精肉赤膊鬼，井边密密麻麻围了一圈，井里水桶七上八下，奏响霹雳哐啷协奏曲。有时候，绳子没绑好，或者桶把脱落，铁桶就会掉进井里，因为取水量大，井水顶多只有半人高，掉桶的同学就会等抢水的人少了，像蜘蛛人那样，撑着光滑的井壁，下到井里去把桶捞上来，据说还有捞到手表的。四年期间，我也这样捞过四五次水桶。我现在体重比在校时增加了20公斤，蹲下之后起身都会大喘气，很难想象曾经还有那么矫健的身手。

芙蓉四这口井水量不充足或者抢水的人特别多的时候，我就会去三家村右前方的那口井，那里现在是芙蓉湖畔的草坪，当年还是一片田野。

那口井距离我们芙蓉四也很近，为什么要等到迫不得已才去呢？因为井似乎特别浅。我感觉就是刚刚从我们身上淋下去的肥皂水，只在地上转了一个圈，立马就流回到井里去了，所以洗澡的时候，总有一种不爽的感觉，因此这里取水的人自然就少了一些。不过在这里洗澡也有个好处，就是比较空旷，相对芙蓉四那里距离宿舍要远一点点，如果是晚上，那就可以完全赤裸，边洗澡边放歌。子夜时，月光下，田野中，《橄榄树》《走在乡间的小路上》《何时君再来》《校园的早晨》《雨中即景》……井畔歌声此起彼伏，也是当年厦大一道苦中寻乐的风景吧！

厦大第一课改变我一生

厦门大学1980级历史系　郑俊琰

一个自幼成长于武夷山下崇山环绕的小乡村，上一趟小县城都是奢望的农家子弟，却在2000年远赴万里之外的南极，成为“全球首次人文学者南极行”的总策划兼领队；在2004年成为“人类首次到达南极冰盖最高点”的总策划；而后成为故宫“发现中纹之美”及“武夷朱子林文旅”“崇义王阳明文旅”“泰山文旅”等众多项目的总策划；提出了“极端策划”理念，以“上下五千年，纵横八万里”为宏观思考场域，创造了众多全球首创策划案例……

这样的我，这一切，都源于1980年9月进入厦门大学的第一堂课。

1980年9月3日，时年50的陈孔立老师走进教室，为历史专业8003班的新生们上了进入厦门大学后的第一堂课。他旁征博引，强调历史专业的重要性，讲述历史专业的学习和研究方法，生动有趣，引人入胜。临近尾声，他介绍了历史系的雄厚师资，重点介绍了历史学家傅衣凌教授、韩国磐教授。他说，韩教授住在美丽的鼓浪屿，鼓浪屿是中国著名的“音乐之乡”“钢琴之岛”，钢琴人才辈出，享誉全球。

他说，鼓浪屿的码头，就是一座钢琴的形状。所有去鼓浪屿的人，从轮渡上第一眼看到的，就是象征“钢琴之岛”的钢琴码头。

那一瞬间，我的眼睛被点亮了。我第一次知道，一座城市的文化，可以那样表达，那样鲜活，那样独树一帜，让人过目难忘。这个细节，这一句话，就像一束光芒，瞬间照亮了一个农家子弟的心，打开了他广阔的视野。

那时，“策划”一词还没有“面世”，谁也不曾料到，它后来能成为一个备受关注的“行当”。世界上几乎所有引发关注的事件背后，都有“策划”的影子。从那一刻起，我知道，文化的研究是重要的，而文化的提炼和传播同样是重要的。毕业后，我从事了17年的图书出版策划，4年的央视节目策划。2005年后，我创办阿正传播，创立“极端策划理念”，塑就“阿正极端策划”品牌，成了一个职业策划人。

回想起来，我自厦门大学毕业30多年来的策划生涯，其缘起就是入学的第一堂课。而那颗种子，就是陈孔立老师无意中种下的。感恩孔立老师！

大学毕业后，我独立策划的第一本书，就是由孔立老师主编、台湾研究所杨锦麟等一批骨干研究人员编写的《今日台湾100问》。这本书屡次获奖，一版再版，成为那个时代了解台湾社会的必读书，影响深远。那个年代，全民关注经济发展，学术类文化类图书出版很难，一本书的出版，总要反复论证，立项后还要反复商讨打磨。我几度登门拜访孔立老师，商讨选题、编写、修改事宜，获益良多。

其后应孔立老师之邀，我参加了他主持的几次学术研讨会，毕业10周年聚会时，我紧挨孔立老师坐着，内心充满感激之情。

进入央视工作后，我较少回到厦大，迄今已多年不曾见到孔立老师。但老师的动态，我一直特别关注。

陈孔立教授长期从事台湾历史、台湾政治、两岸关系的研究，著述等身，是台湾研究的泰斗。他曾担任厦门大学台湾研究所所长，并受聘为中共中央外宣办“台湾问题对外宣传专家咨询组”成员、国台办“海峡两岸关系研究中心”特约研究员。

2015年，厦门大学将“南强杰出贡献奖”授予陈孔立教授。2019年，陈孔立教授90岁生日，厦大为他举办了“学术寿宴”。以学生身份出席的海峡两岸关系协会副会长孙亚夫在致辞时表示，陈孔立教授的研究生

涯有两条准则对厦大台湾研究影响深远：一是致力于了解一个真实的台湾；二是实事求是的方针。他的另一位高徒、著名媒体人杨锦麟则指出，陈孔立教授实事求是的治学理念，不仅打造出涉台研究的“南派”，也建构了厦大在这个领域的话语权。

2020年1月14日，师兄杨锦麟专程去厦大探望孔立老师。谈到厦门大学百年校庆，杨锦麟告诉孔立老师，他正和我一起筹划“从共融到共荣——2020极点出发”计划，将带着校主铜像、校旗和校训，远行万里，在南极极点上弘扬嘉庚精神，为母校百年诞辰献上一份独特的贺礼。年逾90的孔立老师听得饶有兴趣，很是赞赏，并表示对我这个学生印象很深。杨锦麟转达后，我特别激动。孔立老师依旧精神矍铄，让学生们十分宽慰。

感恩孔立老师！您给我们上的入学第一课，基本确定了我几十年的人生方向！祝您健康长寿，待您百岁生日，希望时隔半个世纪，您再给我们8003班上一堂课！

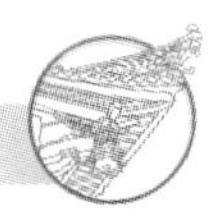

厦大校运会开幕式的第一支“女生方队”

厦门大学1982级外贸系　张旭辉

“向右看齐！”

随着领队许罗丹同学一声口令，由外贸系60位女同学组成的“女生方队”，斗志昂扬地迈开操典正步，活力迸发地通过校运会开幕式主席台，接受校、院、系领导的检阅。

这是厦大田径运动会史上的第一次，也是厦大校史上的第一次。在1984年校运会的开幕式上，外贸系集合60名女生所组成的女生方队，在整体以男生为主、男女生混合的方队中显得别具一格。作为全校规模最小的系，外贸系凭借方阵的靓丽风采迅速成为全校热议的焦点。

“我到现在还记得我们向主席台行注目礼的时候，林书记站在主席台的第三排，朝我们微笑着点了点头，好像很满意的样子。”每当回忆起这段往事，已经移居塞班多年的1982级同学戴倩总是按捺不住内心的激动，尤以位居队列第一排右边的标兵位置而骄傲不已。

“记得，记得，没有忘记，系里要求统一服装，而且还专门拨了经费，钱不是很多，我们学生会生活部去了好几次中山路选系服，还跟人家国营商店讨价还价，后来买了一套蓝色运动服给‘女生方队’，印上‘外贸系’三个白色大字，很醒目、很大方……哎呀，现在想起来还有点激动。”1983级同学林秀英（系学生会生活部副部长）多年后回忆往事，也是如数家珍。

“那时这件事好像有点轰动，其他系的好几个老乡都夸我们外贸系的女同学就是比别的系多。”已经定居北京的1981级同学梁一旺和太太

(1983级同学吴萍萍)回忆道,"每个女同学发一套运动服装非常好看,喜欢得不得了,每天都穿去上课,似乎感觉胸前有'外贸系'三个字就跟别人不一样……"。

回忆起这次以"女生方队"代表外贸系参加校运会入场式的由来,我清楚地记得,1984年10月1日下午,我应约来到系党总支副书记林事恒老师在白城的家,刚一坐下,他便开门见山,直入主题地说:"我找你来,就是要跟你谈下个月校运会的事。今天早上天安门广场的阅兵你看了,非常振奋人心,你有没有注意到国庆阅兵第一次出现'女兵方队',非常了不起啊,给人耳目一新的感觉……作为学生会主席,这件事情你要抓起来。"林老师的一番话,顿时把我的思绪带回到那天上午在天安门广场举行的35周年国庆阅兵,脑海中不断浮现出中央军委主席邓小平乘车检阅各军兵种受阅方队、首都群众盛装游行时北大学子打出"小平您好"的醒目横幅、350名解放军白求恩卫生学校学员组成"女兵方队"等画面。

10月4日下午,林老师在外贸楼召集系团总支和系学生会主要干部开会时动员:"全系四个年级加上研究生一共158人,个人项目要名列前茅关键要比个人实力,但是团体项目能不能取得好成绩,关键看能不能拿出今后在外贸战线上为国家赚外汇的精神面貌来认真准备……开幕式的入场仪式全校只评出6面锦旗,不要小看这6面锦旗的意义,我看一定要争取。"一直以来,厦门大学每届全校运动会开幕式均以系为单位,派出60名男女生组成方队,参加入场仪式和广播体操表演,再由校、院、系三级领导评出优胜方队,颁发分别代表一、二、三等奖的红、黄、蓝锦旗。那次会议决定,那年的校运会,我们要别出心裁,组建"女生方队"参加入场式,同时安排我和1981级李桦同学(系学生会体育部长)负责队伍的组建和训练工作。

由于全系只有69位女同学,因此身高成为能否入选的关键标准;

1984级校女篮中锋的叶卓美同学身高1.73米，被赋予旗手的使命；1982级研究生许罗丹同学原为校广播电台播音员，被定为方队指挥。离校运会开幕短短一个月时间，筹备小组的各项工作得到了1984级班长刘芳、1983级团支部书记方丹、1982级体育委员任桂珍、1981级团总支副书记沈丹阳和倪志成等各班班委的大力支持。当时刚留校不久的政治辅导员陈丽贞也积极配合各项活动的进行，全方队的60位女同学积极集结排练，全员投身紧张有序的准备工作中。

那段时间，鲁迅纪念馆楼前的道路、外贸楼旁的道路以及外贸楼后面的篮球场，总会出现外贸系60位女同学精神抖擞参与合练的身影。大家心里都憋着一股劲，那就是为外贸系争光、在入场表演中捧回开幕式的红色锦旗。

1984年11月初，校运会如期举行。那天早上，我和外贸系的同学们站在田径场边，看见外贸系的女生方队合着《运动员进行曲》的节奏，齐步踏在田径场的跑道上，沿着环形跑道逐渐迈向主席台。由于距离太远，我们听不见许罗丹同学的口令，但能欣赏到叶卓美同学英姿飒爽的甩旗动作。

当叶卓美同学代表外贸系在闭幕式上领取红色锦旗时，全系无不深受鼓舞。当时，已担任校团委副书记的原外贸系团总支书记朱之文老师也高兴地称赞道：“好样的，外贸系‘女生方队’，干得非常好！”就像朱之文老师、林事恒老师往日所说，外贸系人少但志气不能低，“每一个集体项目都要争，这就是外贸系的传统”。

因为爱情:树上的鸟儿成双对

厦门大学1984级中文系　陈启明

海仔斜靠在那张老旧的沙发上,他已经进入状态,娓娓道来。他说他喜欢坐在鲁瓦克咖啡馆的沙发上,看窗外的天空。

"你们海洋专业好像很牛的?"我和海仔好久不见,这句话本来很平常,有一丝恭维的套近乎。海仔直起腰,儒雅而好斗的样子,端着他那张像台湾歌手赵传一样严肃的脸,说:"开玩笑!海洋是厦门大学理科中唯一被评为A+的国家一级学科!"

海仔很为自己学的专业骄傲。毕业30多年,他成为一个卖服装的商人,大商场有几十个一线品牌都是他代理的,什么NAUTICA、CK、江南布衣、安德码。一级学科的毕业生,代理经销的服装必须一级。

海仔和我聊他写的歌词,断断续续、昼思夜想,写了一两年了,一首写给母校100岁生日的歌。海边长大的海仔,学的是海洋,对写歌有兴趣,是有原因的。海仔是1986级海洋系的,住芙蓉一;我住芙蓉四,在学校学生会负责勤工助学的学生工作。他在校时,弄了个"海仔音室",这是助学勤工的明星项目。

那个年代听歌靠的是卡式磁带。他买了双卡录音机,两个磁带对录,然后在宿舍门口摆摊卖钱。他的勤奋到极致之处,就是到厦大后山上去收录从台湾飘过来的流行歌曲。歌手早上在电台里唱,下午海仔就在芙蓉一发行了学习版。

翻录的磁带,没卖几个子的钱,凑合听吧。海洋系的海仔,做了音乐系学生做的事,他卖了几年的磁带,让更多的同学更多了解了类似罗

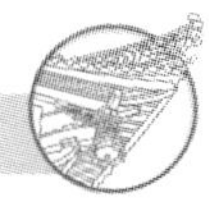

大佑、李宗盛这样的歌手，那时候并没人特别关注，什么歌未来会成为经典。因为磁带，“厦大几乎三分之二的女生都认识我！”海仔这句话，说的没有水分。那时候就是一手交钱，一手交磁带。

海仔同宿舍有个哥们叫阿猫，品学兼优，他在海洋学科的学习成绩比海仔好。大学毕业后，学以致用，一直在海洋、水产、捕捞、冷冻、食品这些行业里打转，现在是上市公司的老总了，他是宿舍伙伴的骄傲。我每次和海仔碰面，都会聊到阿猫。

“阿猫很棒！但是，阿猫大学四年唯一的遗憾，就是没谈过一场恋爱！”海仔可以喝很贵的单一麦芽，但是吹捧兄弟之后，会故意抖落一点小料。小酸葡萄，坏坏的。

阿猫在安井公司当老总。安井最厉害的产品是汤圆，最好的是芝麻馅的汤圆，宁波风味，本土芝麻，不用进口的，进口的芝麻没有中华田园香味。

“阿猫住芙蓉男生宿舍，每天张望经过楼前回石井宿舍的女生。”海仔很认真地说。石井楼是厦大白城顶上、俯视大海的女生宿舍楼群，7栋、490间，很多厦大女生住过这里，而且，那里只住女生。

“早看晚看，看女生石井来、石井去，早安石井！晚安石井！若干年后，这个男人有出息了，加入了一家叫安井的公司，当了老总！”几杯酒下肚，海仔神思飞扬，厉害，硬是为一个生产汤圆的食品企业，拗出一个绽放着凤凰花、弥漫着柠檬桉的荷尔蒙段子。

阿猫笑笑，目光坚毅。人生不仅仅有石井，还有汤圆和远方。我把阿猫叫到马哥孛罗酒店的将军日料店，把他这个大学同屋、驰名的服装代理、歌词作者的创意告诉他。我们开始聊安井、聊汤圆、聊宁波、聊元初。回忆多了，全是汤圆形状，黏糊糊的，是那种情绪低落或肚子饿时、着急吞下的甜品。

石井楼进出过多少女生，就曾经进出过多少段爱情，或芽或花，或

果或泥。

早安晚安，石井的故事中，巧的是还有这么一对，或许也买过海仔的磁带。女的叫凯姐，学法律，大一住南光，后三年住石井三。“达哥是我第一个恋爱对象，哈哈；大三时国庆节第一次约会，1991年9月9日摆了一桌酒，开心结婚！”男的叫达哥，学计算机，老乡关心老乡，石井楼下拉拉扯扯追上了凯姐，天天甜蜜蜜，厮守至今。

2011年，凯姐和达哥拉上我，一起创办了元初食品，开生鲜超市，卖菜，那一年，我认识了阿猫。10年了，生意年年做，聚会时当然聊汤圆；遇上海仔，汤圆的话题里，每每会加上石井、老歌。人这一辈子，过日子，也是文理兼容、醋酱各半。恋爱是恋爱，结婚是结婚，汤圆是汤圆，这些都是一门一门的课，有入学、有毕业，要么及格，要么优秀；而爱情，从来都是自修课、开卷考，一种烧脑的发酵，没有学历学位，从嘴馋到怀念，巡回播放。“相爱是容易的，相处是困难的。”

2009年，阿猫和凯姐还一起去北美卖安井汤圆，那时凯姐做的是国际贸易，公司叫天酬进出口。凯姐回忆说：“2009年年底，也就是离圣诞和新年差十几天，我和阿猫卖汤圆，旧金山、纽约跑透透！”

就这样，芙蓉石井，熙熙攘攘的上下课人流中，东边恋爱西边离，道是理科却文艺，几个原来没什么关系的人，都集合到一碗汤圆里。校园里学弹吉他的男生，多半是为了追女生时多一点手艺；哼哼叽叽唱校园民谣时，没有人怀疑恋爱和毕业是严肃的事情。毕业了结伴去卖汤圆，却是，十年树木，百年煮汤圆。想想，好歹也是一份工作，多少可以算是一份事业。

缘分一场，栖息四年。大学最好的特产，就是毕业生。各奔东西，各上各的班，真正专业对口的没几个；毕业后选择的城市，大多是离房子有些近，离爹妈有些远；听民谣、听摇滚的理工男、文艺渣，开始听古典音乐；谈恋爱处对象，结婚后就真的百年好合的凤毛麟角。上弦场、芙蓉湖

的林子并不大，但的确是什么样的凤凰都有。

学长学妹们，正在热烈、庄严、隆重地庆祝建校百年。我也不好意思闲着，在这磨磨叽叽的，算是给百年生日良辰，添个闲聊的花絮，厦大培养出几个毕业生，现在架了锅，满世界卖汤圆：

因为石井
因为爱情
爱唱歌的卖衣服
成绩好的卖汤圆
芝麻香里数台阶
花碎七月
凤凰天天

大学是树林，枝头挂满了知识；鸟儿们最嗨了，在林子里寻找爱情。满十为圆，择吉感恩；满百大庆，万寿无疆！石井你好，我爱你厦大！端碗汤圆望石井，祝福母校厦门大学，100岁生日快乐！

注释：

本文“石井”泛指厦大所有的女生宿舍楼。

难忘厦大的每周一歌

——《爸爸的草鞋》

厦门大学1984级化学系　林　燕

人们常说音乐能够留下并且随时唤起对一个时代的回忆，厦大广播电台特有的每天向全校播放的“每周一歌”便是令人魂牵梦绕的记忆，其中《爸爸的草鞋》成为我难忘一生的歌曲。

我于1984年考入厦大化学系，在60多个小时的火车颠簸后来到了“三只蚊子一盘菜，三只老鼠一麻袋”的厦门。那时其他系女生住丰庭一，唯独化学系女生住丰庭二，二楼上锁的门安全地将我们与一楼住的教工分开。入校第一周，每天喇叭里播放的是张明敏深情的《爸爸的草鞋》。九月的厦门闷热潮湿，阴雨霏霏，蚊子蟑螂肆无忌惮地欺生，下楼时一抬脚以为踢出去一只鞋子，忽然发现是嗖嗖乱窜的硕鼠而令人顿觉腿软。我们要多次练习甩桶才能从井里打上水来，独自离家孤独凄凉的心情正嵌入了《爸爸的草鞋》的歌词意境，我听着悲歌，想着父母，流着眼泪，写着家信，报着平安……

上学后，我当了厦大广播电台的播音员，每次播音，我头天晚上就到建南大会堂后面的播音室里录好新闻，第二天由住在那里负责播放的物理系学生播出。全校每个角落和各个食堂都能在午饭时间听到新闻和“每周一歌”，清晨和傍晚还会再播放“每周一歌”。在没有手机、没有电视和电脑的日子，收听广播是当时人们娱乐和获取信息的主要途径。厦大电台负责人王匡能老师原来就职于省歌舞团，在她指导下，播音员每年还负责主持厦大运动会和各项文艺演出。

我是化学系女生部长和学生会副主席，是厦大武术队队员，也承担了丰庭二的楼长工作。每天清早第一个起床打开楼门，听着电台播放的晨曲，沿博学路跑去嘉庚像前面的操场，参加武术队晨练；下午课后，听着“每周一歌”又在厦大灯光球场进行套路训练。校武术队教练是全国武术最高段（九段）的林建华教授，他曾多次担任全运会和国内外主要比赛的总裁判长。大学四年的武术训练，既强壮了我的身体，又圆了我儿时的梦想，还让自己在辅助世界武术比赛和传扬太极拳方面奉献了点绵力。

一年近40首的流行或经典歌曲播放，也让“每周一歌”刻下了不同的年轮印记。改革开放初期，听刘文正的《迟到》，我是坐在白城沙滩上，歌是从台湾的高音喇叭中飘过来的。赵传的《我很丑可是我很温柔》、童安格的《明天你是否依然爱我》寄托了青年学子对躁动青春的慰藉。程琳的《妈妈的吻》歌词唱道“我那可爱的小燕子可回了家门？”因为名字相同而令我更加感同身受、为之动容，妈妈多年后也说每次听了此歌就会因想我而流泪。

“每周一歌”里融入了南强学子求学生涯的苦乐酸甜，更让有它陪伴过的校友听到某首歌便会想起某年某月的某一天，继而无法停止怀念处处留影的上弦场、芙蓉湖，还有晚上背着木剑壮胆才敢去的图书馆，它还让我们无比怀念四年朝夕相处、共度了最美好的青春时光的同学和影响了一生的良师益友。

难忘厦大的“每周一歌”，《爸爸的草鞋》也成为1984级厦大学子每次聚会的经典回放。

我绽放的青春

——风雨石井，知无央爱无疆

厦门大学1985级新闻传播系　黄立文

记得在大学最后一年的一次舞会上，跟一位大四的学弟跳完一曲，被追问哪一级的时候，我说1985级，学弟一惊，问：硕士生？我答：不是，是第五年，我留级了。然后大笑着跟闺蜜扬长而去，留下即将毕业的学弟原地错愕。

当年，十七岁的我，拎着一只巨大的牛皮箱子、两个包装袋，跟着我高中闺蜜泓，搭乘父亲安排的便车，从福州来到厦门。由于各种原因，开便车的司机，在傍晚时分，把两个懵懂无知的高中女生以及一大堆行李扔在了厦门火车站。熙熙攘攘的人群里，我因为个高，当起了大姐，艰难地开始我人生的第一次讲价，搭上一辆无名小巴，心里揣着俩女孩会不会同时被卖的疑虑，紧拉着泓的手，口里絮叨着让她一定一定记住车牌号码。

我们两个不谙世事的小姑娘忐忑不安地数着时间，此时除了祷告所有神灵，全无他法。从大生里，过华侨博物院，到南普陀寺，已经入夜，一路漆黑。正当我要绝望的时候，突然发现车前一片灿烂，人声鼎沸，就好像从暗黑时空隧道突然掉入一个光明境地。“哈呆到了！”厦门司机喊道：“说了不会骗你们的！”为那趟奇妙旅程，我和泓用掉了我半个月的生活费——15元。

1985年之前的厦大，男芙蓉，女丰庭。我一直幻想着住入丰庭是怎样的感觉，因此当得知宿舍安排在风雨楼（现称南光楼）的时候，我觉得莫名沮丧。两三年后才知道，风雨楼虽然名字吓人，居住条件却是前无古人后无来者的高档——一间四人，小栋小户，没有门卫，没有宵禁，来去自由。新闻传播系因为是新系，丰庭楼、芙蓉楼住不下，“不得已”把学生安排在风雨楼。在风雨楼的两年里，要感谢当时校领导的宽宏大量，让我们在中学被禁锢的天性，能在大学里自由释放，恣意尝试，虽然不少磕碰，但是至少人生第一次自我解放，让我体会到灵魂自由飞翔的感觉。所以经年累月，每每想起，心存感激，这种独立自由，完全是厦大赋予的。

厦大的五年，赋予我人生无数的第一次：第一次离家出远门，第一次面朝大海，第一次讨价还价，第一次购置生活用品，第一次拉手，第一次心跳，第一次恋爱，第一次亲吻，第一次心碎，第一次酒醉……当时少女成长情绪起伏，风风雨雨强说愁，如今风轻云淡，回看却是最美花季，绽尽所有青春。那些年，本应骚动的少年时代，被高中的繁重学业和严格管制推迟到了青年的大学，而在这短暂的四到五年中，除了大学学业外，所有的孩子还要完成从少年到青年的转变，将正常的八年化蛹成蝶快进到最后四五年，现在想来虽然不是易事，倒也异常璀璨夺目。

上篇 风雨——宽柔以教，不报无道

当年的我，一心想去国际关系学院，可以离家远远的，所以对厦大的期待值是低得不能再低。

第一天入住风雨楼，同屋的栋栋跑进来说：“妈呀，厦大，真大！”当时纯净如一张白纸的我惊掉下巴——句子开头式可以如此解放；心里想着再大能大到哪儿去呢？ 后来的几周里面，我发现，还真是：妈呀，厦大，真大！

先说厦大的教室：群贤楼群——从西门开始：囊萤，同安，群贤，集美，映雪；靠近芙蓉湖，有笃行和博学；建南楼群——从南门起：南安，成义，建南大会堂，南光，成智。

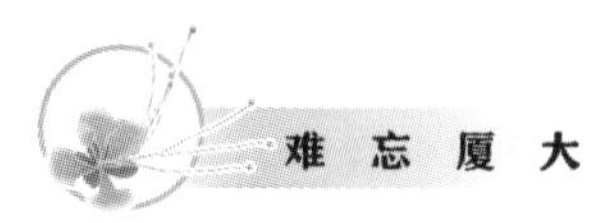

再说当时的学生教工宿舍：丰庭若干栋（女生），芙蓉若干栋（男生），敬贤（教工）加上我们的风雨楼和男生的凌云楼。

大学五年级冬季我们到北京实习，当我在人大的经济1号楼、会计2号楼中迷路的时候，我才感觉到厦大建筑的名字是如此风花雪月、富有深意，不由感谢当年校主的心血创意。

那时候想一天走遍校园，是非常艰难的事，单单从风雨楼到同安楼上课，我们就得走20分钟；如果晨起迟了，连滚带爬，也得10分钟，最后要气喘吁吁地冲上二层石板台阶，对于睡眼惺忪的我们更是艰难。放学后，睡意全无的我们会在同安、群贤楼前的木棉花下恣意玩笑，那是最放松的时刻，完全忘记瞌睡时被老师抓包提问的窘迫。

下午无课时，我们会结伴走上白城高坡，再下坡去到白城海滩。第一个学期里，晶莹的海面，滚烫的白沙，嘈杂的蝉声，木麻黄树下的石桌石凳和充满茶渍的缺口紫砂，消耗了我们离家的第一个躁动的夏秋。对我来说，厦大的海，很大，非常宁静，像个巨大摇篮，无论何时，总能消化我所有情绪，包括迷茫、困惑、孤独、烦躁以及莫名的成长悲伤，所以我多年后来到大洋彼岸的旧金山湾区，在惆怅孤独之时，也会习惯性地去看海，平静自己的心情。

第一年的日子新鲜却缓慢。迄今我还记得清晨学校广播里播放舒伯特的《小夜曲》。现在每每听到这一曲，眼前就会掠过一缕阳光，就像当年清晨第一束日光照在脸上一样。厦大的上课钟声也令人难忘。难以想象一个现代化的大学仍然坚持人工敲钟，但这就是厦大。建南的晨钟，普陀的暮鼓，估计也是厦大宽容的本源。

风雨楼对面音乐系的男生，时不时地扯出一两声高亢破碎的小号，会让我们满屋花枝乱颤，冲到阳台，瞧个究竟。第一年里周六和周日的舞会上，有我们年轻不知疲倦的身影。无论是灯光球场和篮球场的露天舞会、风雨球场的室内舞会、海洋系楼顶舞会，还是建南喷水池舞会，我们都会在周末晚上，一个一个舞场地跳过来。记得离正校门（不是西门）最近的那个灯光球场，由于可以封闭，所以成为各单位组织舞会的最佳地点，时不时被研究生会或者学生会“霸占”着。因为进去需要舞票，于是当时灯光球场的舞票就成为男生获取女生芳心的最佳工具。

还记得那时候跟死党王二宝几乎每个周末舞会场场不误，最喜欢的是迪斯科连奏环节，那时候的DJ还非常初级，只是把几首80年代流行的西方迪斯科舞曲连成一个多小时的连奏，从晚上十点放到近午夜，让跳舞爱好者跳到疯狂。这个时候，我和二宝就会肆无忌惮地手舞足蹈，忘我地享受着原始的舞蹈之美。而在此之前，我们已经被会跳舞的男生拖拽着转了2个多小时。到第一学年结束，我的舞技娴熟，华尔兹、快四、慢四、快三、慢三、吉特巴（拉面条）、伦巴、恰恰、迪斯科，没有不会的。闺蜜王二宝也因舞会，被男生勾走，从此跟我若即若离，正式走上了恋爱的道路。

说到厦大，不能不提建南大会堂以及上弦场。在厦门的双子塔以及厦大的蔡清洁楼建立之前，建南楼群和上弦场是一轮完美的上弦月，虽有海洋三所挡着，高处也能够面朝大海。据说建校初期，上弦场沿至海滩，当时海边虽然蛮荒，但不乏美景。

建南大会堂号称能纳万人，实坐4000人，忘了一排多少座，我记得60～100左右。大部分电影、演出和全校会议都安排在那里进行。每年至少有两次全校大会，一是迎新，二是毕业。毕业的那次我不记得，但是迎新那次我记忆犹新。时年化学系教授田昭武先生任厦大校长。田校长上台讲话，深情吟诵校歌：“学海何洋洋！谁欤操钥发其藏？”台下敲木头声（捣蛋新生起身坐下翻动座椅）此起彼伏；再听下句“鹭江深且长”，然后又是一阵木头声大作，盖过下一句“致吾知于无央”。就这样，田教授在新生的不断打击中坚强地吟诵完毕校歌，最后丢下一句“你们是我见过的最糟的一届新生！”愤然离去。

1985级从一开始就注定成为比较反骨作怪的一届学生。但是，感谢田校长在道义上允许犯错的宽容和态度上拒绝霸凌的决绝，几十年后，再重读厦大校歌，当年“宽柔以教，不报无道”“止于至善”的理念已经润物无声地浸入我们的心田。

而那次迎新大会上我的回眸一笑，亦开启了我大学五年的青春恋曲，千回百转，一会儿直上云霄，一会儿冲入谷底，现在看来，都是少年期没过好，青春期来作怪，几许遗憾，良多感慨，青春不肯留白。

下篇　石井——上弦芙蓉，无央无疆

家父从军，管教甚严。赴厦前，老爸再三叮嘱不要在20岁前谈恋爱。但是放飞的心，就像自由飞翔的鸟儿，有去无回。家长的千叮万嘱完全扛不住荷尔蒙的滔天巨浪。当我20岁那年，我爸跟我正式谈话，说恋爱禁令解除的时候，我不明白我爸是真傻还是装傻。那个时候，我不仅有了初恋，还尝了初吻，一切都是教育得太迟罢了。

多年后，跟一个外校的朋友谈起，他就说厦大这个地方，不谈个恋爱，基本不可能，因为建筑很美，大海太浪漫，伙食太丰盛，不能不坠入情网。

所以，我在入学不久，就跟一个男孩在海滩上拉起小手，上五老峰，下白城海，出入上弦场，不亦乐乎。17岁的我，鲜活得像出水的跳跳鱼，尽情享受迟到的初恋情怀。那是我人生最快乐的一段时光，无拘无束，单纯相爱，直到个把月后的一天，劳燕分飞，暗自神伤。多年后，再见初恋，他说迎新会上的一笑，让他一直无法释怀，想念至今。虽然不能相守终生，却拥有纯净情感，也就足够。

后来那个初吻过的男生因打架被开除，这又是一段令人嗟叹的人生故事。而我在黯然时去芙蓉食堂打了一热水壶的廉价掺糖掺水葡萄酒，坐在床上，灌了下去，坐在蚊帐里，鼻涕眼泪横流，头晕目眩到不能自

主。第二天，去白城海边发呆了一个下午，之后我就开始正常生活——太阳照常升起，大海潮起潮落，日子仍然美好。

然后就是跳舞、邂逅、约会，上弦场的棕榈树、胡里山的野海滩、情人谷的相思林，相爱相杀，相聚分手重来，一出一出言情戏的招式不断上演，在友情和学业间交错，经年，毕业不止。

这就是青春恋曲，爱你至深，恨你至深，无法剥离，就像上弦场后面的棕榈树，有好有坏：烈日下为情侣遮阳，月光下与伴侣私语，但不能保证树丛里没有个把阴影在偷听偷窥，更不能保证其中一个被发现后，不会当场动手打架解决。这就是厦大的恋人时光，是最原始的爱的表现。每个故事里都有欢笑，有哭泣，有狂喜，有悲伤；有白头到老相扶将，也有孔雀挂枝东南飞。无论怎样，都是生活阅历，都要感谢。感谢厦大让我遇到你，你，你，没有你们，就没有我的青春岁月。

1990年，毕业前，女生早已搬入石井。我们几个“留级”的本科老大姐，坐在灯光球场的栅栏上，吃着用所有钢镚换来的西瓜。那个时候，我们不再讨论如何搞到舞票，或者怎么请男生翻墙而入帮我们开门混入舞场，而是谈近在咫尺的毕业和貌似无期的工作。

偶尔我们也逛逛芙蓉湖，猛然间发现湖光山色，心旷神怡，是因为要失去，有可能不再拥有。在闲扯之间，我们在湖里划船，看鸭落水，难得也会有男生供上一桶尼罗罗非鱼，说是来自芙蓉湖，或者一桶香肠，说是来自某个食堂，给女生打牙祭。

偶尔我们也想起短暂的军训，那个淳朴的河南班长；那个雨天，广告系某位女生因生理期痛苦而在兵营里大肆发飙；某个室友趴下后，用力过猛，春风穿裆；某人射击训练时动作极慢，却拿得全连最高环数；那天结伴骑车，疾驰战备公路，狂喜返校；虽然嘴里说瞧不起大兵，临了分别没有一个不落泪，心里明白兵营里也有真情实感。

再回头想想一起做过的坏事：假借看海读书之名去曾厝垵扒渔民

的番薯；到风雨食堂“偷”几个炸枣，寻求刺激；某人看书烧帐，三次香烤楼上室友；鸭庄打工，悄悄多给室友一只鸭腿或者卤蛋；午夜几个大女生爬墙出入校园，被抓后假报人名系名；更不用提多少次看着室友失恋酒醉，陪醉陪泪。总之，该做的未必做，不该做的做了不少。这就是我们有些无厘头怦然怒放的青春，有的是荷尔蒙，没的是名利禄；必须犯错误，必须得教训，否则枉过一生，对不起宽容我的大厦大。

一年级的冬天，我们排了一场戏，戏中同学十年之后，桃李芬芳，遍布全球，成就卓然；机场偶遇，激扬文字，挥斥方遒……想起此剧，我们潸然泪下，全班十九人，其中一人已骑黄鹤，两人转系，两人杳无音信，仍做新闻的不过一掌。

学非所专，貌似教育失败，实则墙内开花墙外香。厦大新传的广博知识，特别是新闻采写、市场调查、传媒理论，都让我在行业里得心应手，厚积薄发。而厦大的知无央，发其藏；爱无疆，驾慈航；自强不息，止于至善，更是春风化雨，让我受益终身。大学课堂学的不只是专业知识，更是学习能力、方法论、决断能力，以及人生价值。自由学习，独立思考，这才是知识的力量。

多年后，我们相约相见，聊起往事，我们笑中带泪，过往的种种都是美好厦大的缩影，就像一颗颗珍珠串成我们的青春记忆，包含了所有的快乐和烦恼，所有的可为和不可为。这就是我的厦大岁月，无论有多少遗憾不甘和迷惘，我都要向你敬礼，因为这是我真实的青春岁月。

宽柔以教，不报无道，南方之强也，君子居之。

我爱你，厦门大学，我的同学，我的青春年华！

我的厦大记忆碎片

厦门大学1985级物理系　李　力

厦门大学一百年了，我陪了她的二十分之一的岁月，从1985年到1990年；而她却引导了我接近三分之二的人生，并且还将继续着。

厦大很美，这当是公认。还有人在讨论某校和厦大谁是中国最美大学，那大概是在很无聊的情况下找话题吧！“春风再美也比不上你的笑，没见过你的人不会明了”，就懒得去说了。

厦大人很骄傲，因为在中国所有知名高校中，就我们有校主。于是，据说就有了独立自由的精神传承。20世纪80年代的厦大，却真的“自由”到了“散漫”，闲散而浪漫。

在记忆中拼凑与厦大共度的时光，不由自主地哼唱起了一首《张三的歌》。

我要带你到处去飞翔，
走遍世界各地去观赏。
没有烦恼没有那悲伤，
自由自在身心多开朗。

厦大确实给了我到处飞翔、走遍世界的力量，虽然我并没用好这力量，“自由散漫”却结结实实地烙印在所有关于青春的校园记忆里，成了同学间久别再聚、把酒言欢时的协奏曲。

在厦大读书那会儿，如果你够懒惰，你可以在快期末考试的时候，

才第一次见到一门课的任课老师。当然,大概率这门课你会补考,甚至挂科。曾有同学为了第二天的考试,让同宿舍的室友围着自己讲复习重点,挑灯到天明,信心满满地走进考场,然后抵不住睡意来袭,伏案昏睡到该交考卷时。

也有神奇的“学霸”,拿着英语书,一边打着麻将,一边准备着托福,不但成功留学美国,现在还是世界某著名大投行的高管,管着百十号人,过着“走遍世界”去挥杆打蛋大的球、没事就跑上几十公里运动运动的悠闲生活。

当然,这些都是极端的个案,碰巧发生在了身边。

可打架,就并非个别的例子了,好像经常发生。而起因,现在想来大多很无厘头。或许是酒后路遇,互相拥抱的姿势不对,就大打出手;又或许是在宿舍的走廊上,碰上正在打麻将的别系同学,本想看个热闹,却不小心撞翻了别人的牌,而“血溅当场”;当然,也有因女生约你去跳舞后,在回来路上,被人从背后砸砖头,而导致约到芙蓉湖边准备群殴的。基本都和年轻又荷尔蒙旺盛有关。

于是,有人被古龙的小说所感染,“每天砍出一万刀,便成了第一刀客”,而每天去五老峰下的密林里,对着树干踢上千脚。

20世纪80年代的厦大自由而多样。有人专注于学业,有人习惯了懒散。也有同学开始“经商”的探索,放现在该叫“大学生创业”。

那会儿,会在校园里开咖啡馆的,后来有了自己的上市公司;那会儿,可以在自己没有一盒原版录音带的条件下,战胜手握不少飞碟、滚石原版音带的竞争对手,将录音室开成80年代末厦大校园知名品牌的,后来成了代理多个国际时尚品牌的大咖(对了,这位同学还可以客串如今在校的学弟学妹们歌唱比赛的评委);那会儿,能在新落成的图书馆搬迁中,组织同学赚钱的,后来在商场上也展现了超强的资源整合能力;而能靠编一套口诀在麻将桌上其乐融融、战无不胜的那位同学呀,据说现在

也能通过设计赔率，在球场上输球也赢钱。

而东边社的存在，让整个80年代到90年代中的厦大，多了别的高校没有的江湖味。多少儿女情长的故事发生其中，多少不同院系间同学的纷争在此设“宴”论理。就连后来名震华语乐坛的几位歌手，在他们的回忆里，都讲述了许多发生在东边社的故事。

20世纪80年代的厦大也因为没有围墙，虽设校门，却四通八达地与“社会”多了不少交集。男生可能趁夜去摸了放生池里的鱼；社会上的青年可能会在学校的舞会上被打跑；在海滨附近吃草的羊，被硬拉强拖进某片小树林，然后芙蓉楼间羊肉飘香了好几日。

厦大依山面海。校园建筑与景致，可宏伟，可细腻。20世纪80年代的校园节奏缓慢悠闲，虽然是穷学生，但不愁吃住。没有一场不期而遇、记忆一生的恋爱，那多少有些辜负了这好山好水好年华。也许那四年后，心里就住着一个深深的爱人了，藏着一段浅浅情事了，往后余生，这些偶尔会在夜深人静时来敲记忆的门，让多年后的自己仰望星空如喝了杯烈酒。

有爱情，有友情，两情共交织，那才叫一个青春无悔吧。

你可能会和兄弟分享一个新发现的约会佳处；你会陪着他在芙蓉十的楼顶，焦急地等着另一放荡不羁的哥们，因为那哥们约走了他心仪的女孩，直到远处石井的灯都熄了，那臭小子怎么还没回来啊！

你可以管那个放荡不羁的哥们叫声“师父”，希望他能指导一下该如何大胆向女孩表白；你也会因为他竟然一个人拿着吉他带着一个宿舍的女生去海边唱歌，而大骂他……唉！那些年，从五老峰到情人谷，从上弦场到海洋研究所，从白城海边翻过胡里山炮台，当你习惯了厦大的空间，你会觉得，到其他高校走亲访友时，竟然找不到一处能好好散步的地方；你甚至会想，他们难不成只能在教室里谈恋爱？！

那些年从“渔业广播电台”传来的台湾流行歌曲，多数变成了“来福

灵广播电台”自制演唱会的弹唱曲。三个人、两把吉他、一个walkman，模拟出万人掌声雷动的音效，哥几个没去做特效，不知道算谁的损失。

也是在那些年，建南大会堂坐满了同学，迎来了建校以来第一个学生自组乐队的专场晚会，那个乐队叫“西山”。而当晚的主持人，端着红酒杯边喝边主持，惊呆了请来的校领导，却打动了来听演唱会的女孩。

30年后，他们又在上弦场更宏大地玩了把，震撼得全国其他高校的校友圈，不知该如何再组织自己毕业多年后返校的聚会了。

厦门大学一百年了！我在凤凰花开蝉声绵绵的季节与她告别，也有31年了，回看与厦大朝夕相处的那几年，目光也已变得越来越温柔，我的厦大就留在记忆里啦。全是美好！

而我们的厦大，她当永远拥有“追逐风、追逐太阳”般年轻的心，她还依然是位永远追求“自强不息，止于至善”的少年！新的一百年才刚开始，依然美好！

一条小路

厦门大学1985级生物系　林爱新

厦大校园里有一条小路，起点就在化学食堂后门往上走的台阶扶手边搭脚的石头上。清早总有那起不来床快迟到的生物系懒虫三步并两步蹦下台阶，跨过食堂后门的小石板桥，抓起圆馒头，背着饭盒，边吃边跑，咣当咣当冲进生物馆。食堂边的小河沟一直没什么水，长满了野芋头，曾经有嘴馋的同学讨论着要去挖芋头吃，后经老师指点，知道野芋头有毒不能吃，这才罢休。

小路的终点我就定在数学馆与建南大会堂之间的两排笔直光溜的柠檬桉树下吧！小路本没有路，必定是一届又一届生物系、数学系以及从会堂看电影归来的学子们贪快抄近路前赴后继踏出来的，就着小山丘，弯弯曲曲，起起落落。小路两旁郁郁葱葱，四季常绿，高大粗壮的柠檬桉，开满黄花的台湾相思树，冲天直上的剑麻，发着怪味的马缨丹，以及满地不知名的小草小花……

夏季上下午课，白花花的太阳直照头顶，我总喜欢快步钻进这条阴凉的小路，顿时头上的热气消失得无影无踪。旁边的树林随风发出阵阵沙沙的声响，微微的凉气从四周慢慢拢来，抬头望天，再也不用眯起眼睛了，阳光被分解成了一张摇动的网。此时此刻，我的脚步不由自主地放慢了，左顾右盼，踢踢路上的小石子，扯扯路旁的小树叶，好不逍遥自在！到了夜晚，皎洁的月光透过树枝洒在小路上，斑斑点点，晚自习或看完电影归来的人儿叽叽喳喳，沙沙的脚步声打破了小路的寂静与黑暗。

顺着小路一直往前走，经过大会堂、生物馆（二），就到了生物馆

(一)门口的青石台阶，石阶边一棵高高大大的油桐树，枝繁叶茂，一到三四月份就开满了白色的油桐花，散落在青石上、扶手上，像穿着白裙子的小精灵。石阶两边活脱脱一片原始森林，参天大树遮天蔽日，阴深幽暗，久不被人打扰。地上杂草丛生，各色花朵恣意绽放，珊瑚藤嫩绿的叶，粉红的花懒懒地搭在“南方之强”的石头上，一缕阳光从树缝间直泻而下，照得格外清新可人。石阶不远处长着数棵不知哪年从马来西亚引种过来的象牙杧果树，细长的叶，小小的花。树下一块不起眼的墓碑静静伫立，日夜陪伴他的只有墓碑下长满青苔的一汪池水和枯枝败叶上缓缓爬行的法国蜗牛……

如今的小路已然不见，了无痕迹。

厦大一直很美很美，但我的心里、眼里，心心念念，魂牵梦绕的依然是1985年的厦大，那自然之美，自由之魂。

厦大理发店

厦门大学1986级科仪系　彭胜祥

我是大学毕业工作4年后于1986年考入厦大读研究生的，那时学校的理发店位于大南校门的西侧，距校门只有约30米远，记得理发店旁边还有一个蜂窝煤场，这个位置应该就是现在管理学院东面的这片草坪。可想而知，一个扬着煤灰的煤场与理发店在正校门这么显眼的地方，显然不太合适。后来理发店移到南光楼一间平房，再后来又换过几个地方。大概是在80周年校庆前后，在勤业餐厅后面盖了一间约30平方米的平房作为学校理发店，一直到现在。

我在学校读研期间结婚，在研二时爱人也来到厦大。结婚头几年，她对我的发型时有不满，所以有时带我到理发店去，时不时给师傅建议哪里理高点，哪里剪低些，是往左分，还是向右偏等等，恨不得自己亲自动手，她说我的发型直接影响到她的形象。这种情况持续了好几年，直到开始流行板寸头，又平又短的发型成为时尚，我终于解放了。一般来说我是不赶时髦的，但这次很快紧随时尚，马上剪了个板寸头。此后爱人再也没有陪我到理发店了，她再也没有左分右偏的烦恼了。

与当今流行的发廊、形象设计室等完全不同，在厦大理发店里仍然能看到我刚入学时的设施，那些可以360度旋转、上下调整平躺位置的理发椅可能都有几十年了；理发店一直只有几个吊扇，直到最近这几年才安装了空调；一套简单的台式音响放着多年前的流行音乐。学校的理发价格可能是上涨最慢的，刚入校时是3角、5角，近些年从4元、5元、6元调整到18元，30年间价格上涨约60倍，而同期我们的收入可能有近百倍的增长。学

校理发店没有豪华的设备，也许不够舒适，但非常干净整洁，注重环保，所以即使出差，我也会尽量等回到学校来理发。

除了学校召开大会，一般情况下很少看到学校领导。但在理发店，我遇到过好多次书记、校长，校长到了，也一样排队等候，好像这里最能体现平等。理发店也成为校领导与普通教师、学生交流的场所。有时候看到学校发的讣告很震惊，上个月在理发店还遇到过的老师怎么突然就走了？心里一阵感伤。

理发店里有位陈姓师傅，应该是店长，年龄最大，资历最老，手艺最好，也是最忙最辛苦的，因为许多老师无论等多久都要选这位师傅。除非有急事，我也是只选这位陈师傅。不是追求师傅手艺，主要看重师傅风格，不管是学校领导，还是普通师生，师傅都会认真对待，他总是一丝不苟地为每一位坐在椅子上的客人理发，就像我们每次接手一个新科研课题一样，其专业精神使我深切感受到厦大校训"止于至善"的精神。店里有些年轻师傅速度很快，往往理剪一次只有陈师傅的一半甚至三分之一时间，不免有草草对付之嫌；而陈师傅理剪流程规范，让人感觉仔细周到，这可能是众多师生都要等候他的原因。理剪中，陈师傅有时会根据头发的干湿油性等谈到客人的身体状况；如同田野的万木物草，头发的生长方向、方式差异很大，所以陈师傅理剪中有时要经常调整姿态。

陈师傅非常注重传统礼仪，每次付费找零时，都是整理好零，钱双手交付给客人，并点头道谢；空闲时师傅在室外小坐，但客人一到，手上即使有刚点燃的香烟也会马上掐掉。人多时，陈师傅可能从早到晚都是站立着，基本没有得闲时。我也是看着师傅的头发渐渐花白。陈师傅应该60多岁了，总有退休的时候，希望陈师傅的工作态度、专业精神、服务风格、理发手艺能够传承下去。

（本文选自厦门大学校友总会网站"群贤文苑"栏目。）

大海·前线·校园

——难以忘怀的1987年军训

厦门大学1987级历史系　黄肇坚

1987年9月我们入学军训前，有两件重大历史事件：1985—1987年解放军百万大裁军；1987年7月14日台湾“中华民国总统”蒋经国发布命令，台湾本岛和澎湖地区自次日零时起，实行38年的“戒严”宣告结束。当时在鹭岛靠海公路上，一公里驻扎着一个连队。厦大校园就在大海边上，在海峡前线，我渴望祖国统一的家国情怀从此滋长。

在秋意绵绵中，厦大1987级1780多名新生浩浩荡荡坐着40多辆大巴，从厦大运动场出发，前往民族英雄郑成功的故乡南安县的大山沟。

入学·军训

军训非常正规。一到部队，连长训话中令人印象最深刻的一句便是：假如现在上战场，你们就是连级干部。

我所在的军训部队是32436部队275团4营13连1排1班，当时的部队领导提出找几个动作利索又能吃苦的学员参加冲锋枪分解结合训练班，我有幸被选上了。配备的五六式半自动步枪拆解后共10多个零件，最后大家均能将睁眼、蒙眼分解结合各控制在1分钟内完成。艰苦的训练中，班里每个人手上都流血了。班长程新军，河南新乡人，经常私底下弄些馒头给我们。我们跟他感情特别好，什么叫爱兵如子？假如上战场，我们为之拼命的可能就是他。排长老板着脸，名字已忘记了。射击训练时，谁的动作不规范，他举起树枝就抽人，常罚学生站岗，还美其

名曰:定型训练。所以我们跟他总是有距离感。

营房坐落在一个大山坳中,门口右前方有座高山,山顶裸露的岩石呈现黑漆漆的金属色,特别挺拔威严,就像我们大理石砌就的营房。周围人迹罕至,偶尔有放牛的农民经过,此外别无人影,更多时候见牛比见人还多。踢球是我们唯一的娱乐。旷野中,树木有点稀疏,倒是操场上有几棵高大的梧桐树,总是风姿摇曳、树影婆娑。

最令我们开心的事是去团部看电影。步行穿过两条小河,这时我们才能见到女同学,那是彼此最开心的时刻。可惜,这种带给我们美好期待的观影活动记忆中不超过3次。观影前后的拉歌活动,是军训之余所有文体活动中的核心内容,它让我们的青春豪情在军营中荡漾、在大山间释放。那时,我们唱的最多得是《打靶归来》《小白杨》《血染的风采》《十五的月亮》……

训练·射击

最艰苦的训练是操正步。反复做机械性的动作,直到整齐划一、步调一致为止,很有挑战性。军衣一天湿透几次,干了还得穿在身上,不知道我们那拨一起高考、一起入学、一起军训、特爱整洁的女生是怎么熬过去的。最难熬的是定型训练。摸爬滚打、紧急集合对于男生不算什么,但定型训练枯燥单调,最考验个人的意志毅力。最核心的训练是射击。训练中,趴在我旁边、来自黄山脚下屯溪县、斯斯文文的朱国盛同学竟然伸手去感受没有弹头的空爆弹在枪管中射出那一瞬间的感觉,结果手指鲜血直流。

考核那天连长说,只有射击及格了才可以回去吃中饭,不及格的必须继续打到及格为止。彼时阳光灿烂,万里无云,每人五发子弹,说好的单发,有的同学紧张中按了连发,一下子射击完了。我按照程序,压弹、卧倒、射击,一气呵成,弹无虚发,最后报靶:8、8、7、6、6,无一脱靶。我

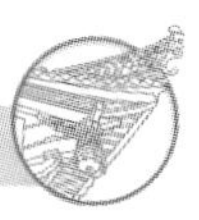

是全排第一个回去吃午饭的，先是感到得意，然后则是后悔，一颗子弹一斤大米，怎么没多打几发呢？于是，我反而羡慕起那些误打连发的同学了。我倒不是稀罕那几斤大米，而是珍惜那射击的机会，因为到我再次体验射击的时候，已经是20多年后的事了。

道别 · 检阅

一个月过去，终生难忘的军训要结束了。部队首长送我们上车，离别那一刻，满是依依不舍的伤感，有的女生更是泪如雨下——毕竟那是人生非常难得的一段历练。虽说军训汇报表演才算圆满结束，但我们的连长、排长、班长不参加，于是离别定格在离开军营那一刻。多情自古伤离别，更哪堪离别就在清秋节！

军训阅兵是在上弦场举行的。不知道之后有否如此正规的场面？反正从无数耐人寻味的厦大往事中，不曾看到过了。13连唯一上场的节目，就是我们的冲锋枪分解结合项目，汇报表演取得圆满成功。31年后，有神通广大的同学居然调出当年我们军训阅兵的视频，1987级1780多名新生朝气蓬勃、青春飞扬，整齐的军装，划一的步调，透过那硝烟滚滚气势如虹的场面，依然令人热血沸腾。军训铸就顽强的作风、进取的意识、协作的精神、高度的纪律性和吃苦耐劳的品格，无不陪伴着我们一生披荆斩棘、爬坡越坎。

军训结束，大学生活开始。一晃30多年过去了，当年景象却历历在目。

厦大拾忆，此生难忘的赛道

厦门大学1988级会计系　崔维星

1988年夏天，我和同县考上厦大的4名同学，坐上了开往厦门的绿皮火车。那时正值开学季，同车厢也有许多同我一样，带着行李、远赴他乡求学的年轻人。我记得，那时候从山东到厦门火车不能直达，需要70多个小时。绿皮火车一路哐当哐当的沉闷声响，接驳着我通往厦大的记忆。

在厦大的四年，是我人生中非常宝贵的四年。芙蓉湖畔的烟柳碧波，露天游泳池的烈日炎炎，厦大操场上的健步如飞，都深深留在了记忆里。刚入学时失而复得的录取通知书，运动会万米长跑拿到的冠军奖牌，毕业前和朋友们一起开办的游泳培训班，这些都是我在厦大难以忘怀的经历。其中最难忘的画面，则是万米长跑冲过终点线的那一刻。

大一刚开学那时，学校组织运动会，我报名参加了800米、1500米和1万米长跑。其中800米和1500米拿了第四，而万米长跑却拿了第一。刚来的新生，便在万米长跑中拿了冠军，这在当时引起了不小的轰动，同学们也觉得神奇。我其实那时也有点小自豪。这一直是我认为在厦大期间最拿得出手和值得炫耀的事情。

于我而言，这次赛跑是一场抓住机遇的冒险。首先，为什么是冒险？我虽然在高中曾参加过五千米长跑比赛，但1万米并未参加过；其次，为什么说是抓住机遇？当时其他人听到1万米就吓坏了、不敢报名，就连当时大一、大二跑步最厉害的三名同学也只参加了800米、1500米、5000米。这样竞争力自然就小了，有时候剑走偏锋容易取得出其不意的胜利。

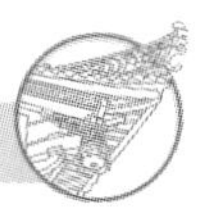

常规道路，千帆竞发，百舸争流，竞争激烈。与其在常规道路上惊险竞争，不如抓住机遇，通过自己的力量将冷门逆转为热门。剑走偏锋，刀刀致命，也能抵达胜利的终点。

1988年崔维星（右二）参加校运会万米长跑后与同学合照

我喜欢长跑，因为它不但拼实力，也需要突破每个1000米的勇气与耐力。只有当跑到第10个1000米的时候，才有资格冲向终点。挑战和成功是先后到来的，后者的到来需要耐得住前者的考验。人生也是这样，要不断迎接挑战，不断突破自己，才能有更多的收获。

吉姆·柯林斯曾提过飞轮效应。不管是个人，还是团队、企业，都应该“坚持不懈地转动飞轮。”即使巨大的阻力让你无法推动，但它总能转动那么一圈、两圈……当飞轮积累了能量，终会实现突破！而飞轮亦能以不可阻挡的动量持续向前转动。

无论是经营人生，还是运营企业，都像一场漫长的长跑。需要秉持长跑精神，朝着目标持续奋斗，迎难而上砥砺前行，就如厦大的校训一般，“自强不息，止于至善”。

回不去的青春，剪不断的情缘

——记南太武毕业之旅

厦门大学1989级化学系　陈惠萍

石井四405的姐妹们

1993年5月，我们临近毕业。那是厦门最美的时节，气温如同那枝头的凤凰花，温暖热烈却不灼灼伤人。宿舍里8个人，保研的保研了，别无他念；准备工作的也意向已定，大家对未来紧张不安的情绪缓解了很多。作为理科专业化学系女生，平心而论我们大学的生活内容远没有文科同学的生动有趣。大四时每个人都选定了导师，进入了相应实验室开始准备毕业论文。化学专业不像文科专业靠图书馆查文献资料和调研

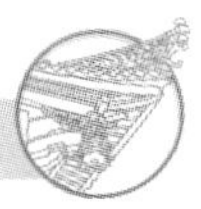

就可以开始论文的撰写。我们需要精心准备实验方案，然后把实验做出来。有数据才能进行下一步。如果结果跟预期的不符，还要查找原因推倒重来。最后一学期虽然没有专业课了，但是实验、论文占据了我们大部分时间。实验室的氛围是认真的，严肃的，没有多少浪漫可言。那时候的男生女生也相对拘谨，换了今天至少也可以用几个化学元素符号拼成“I Li O V Eu Y O U”或“F O Re V Er”向心仪的人儿专业地示爱，并认认真真地告诉他或她“爱是九份化学加一份魔幻！（Love is nine parts chemistry to one part magic！）”。

南太武之行

“循规蹈矩”地过了将近四年的大学生涯后，我们决定在毕业前也快乐潇洒一番。几番讨论之后，大家对窗外遥望了四年的南太武动起了出游的念头。八个同学当中，丹东性情率真，鬼点子最多。我通常尽量配合她天马行空的主意，属于行动派。不仅男生们的回忆里有攀爬各个校门的光荣历史，我和丹东也有一起爬过上弦场靠海边那道铁门的英雄壮举。智多星丹东这时提议：“我们找一个完全不认识的男生宿舍结伴出

游吧！"那时候觉得对本班的男生太熟悉了而没有新鲜感（对不住了，我的本班男同胞们！），我们好像有友好宿舍却又不甚来往，邀请八个陌生的男同学一起出游是大家公认的好主意。"三家村贴广告！"不记得是我们中谁提议的。说到做到，我们从来不缺乏女汉子的行动力。众人三下五除二起草了一份邀约并留了谢菁的实验室电话作为联络方式。那时候没有手机、没有网络，围在石井水房旁边的活动室仅有的一台电视前看老版《射雕英雄传》成了多少厦大女生的共同回忆。到三家村张贴海报招募"驴友"不是我们多有江湖豪情，而是那是当时最有效的广告方式。现在回想起来也还是颇有"比武招亲"的韵味，抑或是女侠客广发英雄帖的豪迈。

三家村贴出的招募"驴友"广告确实获得不少回应，有中文系、新闻系等。405迅速派出面试团队利用中午和晚上时间对回复我们的男生宿舍进行访问以确定目标。最后我们选定了新闻系广告专业的男生们作为我们南太武之行的玩伴。现在回想起来，我们也很诧异当时我们在南太武竟然找到了一个海边过夜的地方。关于整个旅程的记忆虽然有些支离破碎，但是有些细节却也铭记在心。向大海深处无限延伸的平缓沙滩，小木屋里香气四溢的芋头粥，沙滩上升起的熊熊篝火，一群围在篝火旁聊理想、聊未来的年轻人……广告专业有个同学有相机，不仅在南太武给我们留下了珍贵的影像资料，回厦大以后也到我们宿舍给大家拍了一些生活照。照片里的我们慵懒、轻松，由内向外散发着随性自然的青春气息。衷心地感谢你，摄影师同学！你拍下的那一张张珍贵的照片，记录了我们难忘的大学时光。

（本文选自厦门大学校友总会网站"群贤文苑"栏目，收录时有删改。）

存入心盘的厦大旧事

厦门大学1990级法律系　黄鸣鹤

生命是什么？我不知道，实在是不知道。

在这世界上，越是简单的问题对于成年人而言，答案有时越是复杂，复杂得无言以对。稍加思考，则可能令人痛苦困惑甚至迷失方向，于是，"不知道"就成了最好的遁词，其中之玄机，如同道家之非常道或佛家之不可说。

而对于我来说，生命或许只是一种寻找并见证真理的过程，是无数记忆碎片的组合。而在这些碎片中，最挥之不去的，是一段淬合了求知、激情、美妙与感动的光影组合，折叠后细心地存档在硬盘的最深处，有时我都以为自己已经逐渐忘却，却总是在不经意中因为某种链接被点击，而跳出了一系列的关键词：芙蓉湖、东边社、南方之强。

2003年的时候，法学院生举行了第一次本科生毕业典礼，许多老校友应邀从全国各地赶来观礼，许是近水楼台先得月的缘故，我也在应邀之列。当从20岁到60岁各个年龄层的法学院毕业生以生涩颤巍的声音哼出"自强，自强，学海何洋洋，谁欤操钥发其藏？鹭江深且长，致吾知于无央。吁嗟乎！南方之强！"时，一种感动迅速涌动在我的感知系统中，打开记忆磁条，击溃所有试图保持矜持的努力，让情商归零，而原本以为已经在世俗剥蚀下渐渐远去的记忆中的校园生活，一幕幕地在眼前播放。

1990年的厦门大学，虽然已经从计划经济的束缚中破茧而出，但市场经济的魔力，似乎还来不及光顾这块天之骄子们的清修之地，教职员

工们生活照例是清苦的，由于是教育部属重点大学的缘故，厦大的老师们连特区补贴都没能享受。在那段时间，连卖菜的都不愿意到校门附近摆摊，因为高档菜卖不动，普通菜也比其他菜市场要便宜一两毛。

那时，落日下的芙蓉湖没有今天这么美，更像个乡村的小鱼塘，说它是个鱼塘一点也不过分，因为一户来自龙海的农民承包了它，放养罗非鱼。那鱼长得很快，阳光下，当我们从图书馆中回来时，沿着湖边走，看见成群的罗非鱼张着嘴浮到水面。

那承包鱼塘的农民还颇有些生意头脑，从老家拉来了几艘小木船，放在湖中，划一小时收五块钱，却没有多少人捧场。学生们似乎更钟情于湖边的草坪和垂柳，经常有三五女生在树下读外语，初春草长，杨柳依依，春风拂面。草坪上，一群学子正在激扬文字，指点江山。

湖畔的路，指引向校图书馆。记得那一条路上，两边都是凤凰树，树高冠大，即使是烈日炎炎、禾苗干枯的日子里，走在树下也是凉风习习，犹如一台天然的大空调。旧日的厦大学子应该记得这条路，可惜后来修建嘉庚楼群，只能把这两排凤凰树给砍了，许多学子感觉可惜，有的还扬言要到校长办公室前请愿“刀下留树”，当然只是说说罢了，但也足见学子们对这条林荫道的偏爱了。

湖的东边是芙蓉楼群，而楼群之后，凌云之下，散乱地坐落着许多不规则的建筑，那就是东边社了。

对于20世纪80年代和90年代初期的厦大学子们而言，东边社是一个有着特殊含义的名词，这个由于历史原因被包裹在厦大校园中的村庄，村民们已经不再从事任何农事，而仅凭租赁房屋和向学生提供各种服务作为生计，东边社与学生的日常生活是如此零距离地接触，以至于许多学子也许可以三天不到图书馆，但却不可一日无东边社。

东边社的小炒店中，一块五的炒青菜，两块钱的炒田螺，外加几瓶啤酒，三五同乡，二三十元就是一顿很好的牙祭，又有面子又省票子。于

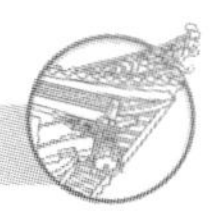

是，一到傍晚，东边社就奏响了铁勺交响乐，空气中弥漫着一股浓烈的辣椒味。

在高校后勤保障并不发达的年代，这个大学中的村庄在一定程度上就近承担了厦大人吃喝拉撒等诸多功能，因为它的消费水平最接近厦大学生的腰包，在学子们腰包普遍不丰满的20世纪90年代初期，东边社给我们带来了许多快乐。

校门之外是一座庙，十分著名，大号叫“南普陀”。里面有一所“闽南佛学院”，据说也是佛学界的重点大学，培养出很多法师。许多到厦大游玩的人时常惊讶于大学和佛学院竟然能如此毗连，共享五老峰的清静与灵气。

厦大的许多穷学生对南普陀寺很有好感，因为寺中定期供应斋饭，原本是为一些在家修行的居士提供的，吃完后朝掌勺的大和尚钵中投一元即可。虽然是素菜，但味道绝对远胜于学校食堂师傅们的手艺。下课时，我喜欢跑到南普陀寺，不是参禅，也不是礼佛，而是喜欢一种宁静，可以坐在大石头上，看着来来往往虔诚参拜的人们，想着自个儿的心事。

佛学院的法师们也经常在寺前放生池边散步。我们知道，法师们也是经常以讨论作为修行和学习的方法，这一点，和我们法学院有些相似。于是，我们经常拦住佛学院的法师们，施礼后和他们讨论人生。

也许是年少气盛的原因吧，我经常用一些“白马非马”的诡辩方式。一次，我问一位法师佛家是否反对杀生。法师言然。我问法师是否每天喝水。法师称是。我问：“那么，佛家曰，一滴水中有千千万万虫。大师每天喝无数滴水，是否每天都杀生无数？”在法师的困窘中，我大笑而去。

但讨论总归是有意义的。一次，一位法师向我介绍“骷髅相法”，我反唇相讥：“美女就是美女，如果佛家弟子必须将其想象为骷髅方可克制欲望，说明心中仍有心魔，何不视之为美景，若落日之美或云霞之丽呢？

菩提无树，明镜非台，何处惹尘埃？”

法师定定地看着我，说：“施主有慧根，何不出家？”我说：“我辈空有出世之心，却只能做入世之事，汝以修行入西方极乐佛前听经为理想，而我以在中国实现民主法治为追求，道不同。”

法师静静地看着我，说：“施主之理想，在当今中国，或许比我辈之追求更遥不可及。佛界本为净土，不问世事，然人间不谐，三界不宁，千年暗室，一灯即明，施主心灯已燃，许有功成之日。吾默，有所悟。”

毕业后，一次陪一法学界大师到南普陀寺吃素菜。席间，提及一些旧事，学者突发奇想：“两所学校这么近，为什么不联合办学呢？大学生们选修一些佛学课也没什么不好的，佛学院的学生也可以选修一些哲学课，也是欲出世先入世嘛。”

我向其解释大学和佛学院是属于两条不同道路上的马车，根本不可能走到一起时，大师却不以为然：“西方的大学，原本就起源于神学院，最早的大学，主要是进行神学、法学和医学领域的研究。神学院的学生经常和法学院的学生在一起辩论，正如你曾经进行的一样。”

或许，大师的说法有一定的道理。当然他那天开始的狂想在现实世界中要实现有相当的困难，但如果有一天做到了，那可真是一种学问的境界了。

在法学院的师兄们看来，1990级是幸运的一级，因为我们刚报到就住进了全新的宿舍楼。每间宿舍有独立的卫生间，每人有自己的储物橱和书桌。在学生公寓在中国高校尚未普及的日子里，这种住宿条件简直是五星级标准。

不知是有意撮合还是无心插柳，政法学院和艺术学院这两所气质相去甚远的学院被同步安排在新区。两个学院的学生虽然混住同一幢楼中，却一眼就可以被区分开。食堂中，男女同桌，有说有笑，间或开一些小玩笑或玩一些小游戏的，肯定是未来的艺术家们；男女分桌，低头吃

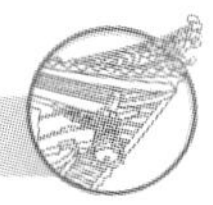

饭，寡言少语，吃完后腋下挟书匆匆离去的，多半是未来的法官、检察官和政府官员了。

这两种不同的气质却完美地融合在一起。仲夏夜，海风入山，山风赶海，而人在山海之间，风风拂面；近处，山间蟋蟀声，远处，海涛拍石声，声声入耳；法学院模拟法庭的辩论声，铿锵有力，艺术学院飘出的钢琴声，隐隐约约，如同背景音乐。

如此星辰如此月，就是一块顽石，在这种地方待上个四年吸取日月之精华，也会成为通灵宝玉的，您说是也不是？

（本文选自厦门大学校友总会网站“群贤文苑”栏目，收录时有删改。）

和敬成伟楼　清寂传大爱

1993年入职厦门大学医院　洪晓翔

校主陈嘉庚先生毕生大爱的集合点在厦门大学。成伟楼是厦大闽南建筑的一部分，陪衬着嘉庚楼群，几经变迁，目前留存成伟楼牌匾于新成伟楼建筑顶端，成为新成伟楼的标记。

穿越时空，当年演武路入海端的小渔市，没有喧嚣，每于潮汐渔民赶海回鱼市，贩卖的鲜鱼是居民及医院内病患者营养佳品。交叉路口成伟楼旁有株形姿伟岸、英武不凡的英雄花——木棉花，每于早春，憋得鼓鼓囊囊的木棉花苞就绽开了，赤红的花瓣火苗一样蹿出，没有叶子的枝干像被点燃了似的。木棉花落下来时直截了当，掷地有声，整朵花砸到地面仍完好无损。看到热情似火的木棉，人们会想到炽热的希望和奋进的生命，心中会自然涌动起积极前行的力量。

隐于这大学路与演武路入海端交界处L形的成伟楼，沐于朝夕的海风中。这楼房，为双层木质结构，作为疗养医院着实优雅舒适，确实利于疾病治疗康复。

成伟楼离学校不到几百米，进门就是工作区，医院虽小功能俱全，承担学校及区域医疗保健任务，责任重大。由于简单、淳朴，从外形和设施等任何方面来说，它跟人们心目中标准定义的医院都相差太大，曾被称为“最不像医院的医院之一”，也让师生员工及来过的人难以忘怀。

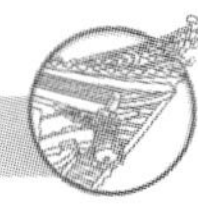

1957年的厦门大学医院执照

1957年厦门市颁发给厦门大学医院第一张执照，也是厦门市第六号牌照经过60多年文化沉淀，这张执照已经是传世家宝，有特殊纪念意义，也反映了那个年代的厦门市医疗健康背景。老字号让人怀念这段可敬的历史。

厦大医院作为厦大的一分子，延伸着校主的大爱，不断有序借用及调进医务人员。几经迭代，医护人员达到等级医院规模。骨干医师都来自全国各地医院，他们医德高尚，胜任本职工作。目前医院已经配备了先进的现代医疗设备，基本满足了常见医疗康复的需要。

厦大医院经历了历史变迁，限于医院的定位，医疗能力中等，但维持着医疗医保功能，承担着重要的社会责任。医院秉承校主大爱精神，服务学校、服务社会，具有强烈的使命感。医院虽小，工作并不渺小。医院一如既往从事的医疗保健工作，“充吾爱于无疆”，从开办至今具有不可替代性，医院也付出与众不同的代价、智慧和劳动。

走过百年，成伟楼似乎是孤寂的！但是它延伸着嘉庚大爱、传承着厦大精神，不忘“自强不息，至于至善”的初心，永远都是可敬的。2013年基于厦门市政府的有力支持及学校的决心，相关部门完成厦门大学附

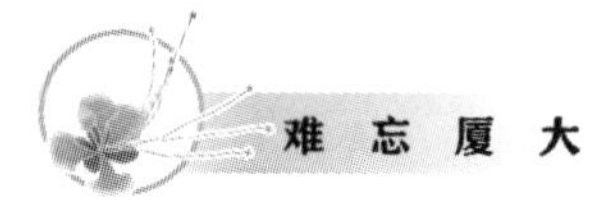

属演武医院可行性研究报告，厦大演武医院在厦门大学医院基础上改扩建而成。2015年按照厦门市政府建议，厦门市与厦大合作先行建设翔安医院，附属演武医院项目暂停。翔安医院筹建期间，成伟楼作为厦大引进医学人才的储蓄过渡空间，承担着重要任务。

为了医院发展，我们需要继续筑梦。根据厦大医科建设和医学教育的整体规划，2018年成伟楼被纳入厦门大学附属翔安医院范畴。站在新的起点上，医院员工不忘初心、牢记使命，推动医院发展。

有大楼、有大师、有大爱，有政府政策支持，我们相信，大爱的伴随者——成伟楼未来必将翻开崭新的一页，建设成“三有”特色的现代化医院，更好地服务于厦大师生员工，辐射区域，造福于社会。

开放包容的母校

厦门大学1994级外文系　耿　立

厦大校内科学艺术中心的旧址是20世纪90年代外文系的教学楼，当时楼前有一座红色的三角梅雕塑，煞是典雅。我的三年硕士生涯就在外文楼这五层里度过。而让我印象更为深刻的，则是系里系外的国际友人，他们为这美丽的校园增加了一道别样的风景。

我第一位接触到的是来自澳大利亚珀斯的意大利裔外教，一位刚退休的优雅大学教师。可惜她的名字我却忘记了。虽然她的先生去世了，但我们在她身上看到的却是朝气蓬勃。第二学期刚开始，她站在我们面前，问我们："你们觉得我有什么变化吗？"大家说："您的耳朵上加了小小的耳钉，亮亮的，好漂亮。"她笑起来，像小女孩。她神秘地告诉我们，她有男朋友了。她的神态我至今记得，美丽的60岁外教。

她特别爱护环境，多次带领本科学生打扫中庭的垃圾。她还神采飞扬地向我们介绍她家门外出没的各种小生物。显然，她乐在其中。她还是烹饪高手，会请我们去家里品尝她做的西餐。离开厦门之前，她还请我们去吃有特色的厦门菜。我真的很想念这位美丽智慧的外教。我衷心祝福她一生平安。

我在系里碰到的第二位外教来自英国威尔士卡迪夫。他一生未婚。非常碰巧的是他居然在重庆出生，因为他的父母是在重庆的英国传教士。他居然能跟我用重庆话念儿歌：丁丁猫，红爪爪，哥哥起来打嫂嫂儿。我的天，我当时就被整晕了……哈哈，生活真是有趣，我在厦门竟然碰到了个外国老乡，我的毕业论文也得到了他的指导。真希望他还能回到

重庆看看他的家——南岸，希望他还能回忆起他美好的童年生活。

外文系还有一位法国外教毕诺女士。她在我到厦门大学之前，已经在外文系工作了很多年。后来，她又到了我的本科母校四川外国语大学。我们在川外认识，成了很好的朋友。再后来，我在厦大接待了她和她的法国朋友。她访问了厦大的老友，非常开心。她一生都为中法友谊鞠躬尽瘁，获得了国务院授予外国专家的最高奖。可惜她前两年在法国巴黎家中病逝。我深深地怀念毕诺老师。她以一位国际友人的视角，教会我如何认识这个世界。如果还有机会去巴黎，我一定要去她的家看看。她永远活在我的心里。

此外，我们系里还有日本、俄罗斯等国外教，而新闻系、艺术学院、管理学院和法学院等院系也都有外国专家，国际学院则有来自很多国家的留学生。可以说，早在20世纪90年代中期，厦门大学就是一座海纳百川、有容乃大的学府。从这些国际友人身上，我拓宽了自己的国际视野，学会了反观自身，传播中国文化，为毕业之后去上海浦东做外事工作打下了非常好的基础。

我爱厦大，爱她的开放包容文化，爱她的国际化，因为没有比这样的氛围更能让学生成长的了。

那时我们正年轻

——怀念厦大军训

厦门大学1996级新闻系　王　莉

1996年入校的第一天,9月1日开会,系领导言简意赅地说完前言就直奔主题:9月4日开始军训,早6点至晚6点,中午吃饭、休息1小时……台下一片哗然,大家面面相觑,却无一人能逃脱。

军训22天的情形虽然已经过去多年,却依然历历在、铭心刻骨。

军训情结

22天军训生活,似短犹长。总觉得是被突然地扔进一个无底的深洞,经历旷日持久的黑暗。而这黑暗又不全让人绝望,不时闪过些许迷人的光芒,甚至在最后把我们带入一片更为鲜活的光明中去。总之,军训,是一种复杂的情结。

首先来个下马威,令人——

闻风丧胆

吓唬我们的是老生。他们苍白的脸、惊惧的眼和如泣如诉的追忆,把我们带入一种莫名的恐慌,特别是那关于"金三角(胸前军装领口敞开处被晒黑的一块三角形皮肤)"的描述,令人闻风丧胆。

耳听为虚、眼见为实。军训第一天,我们就——

望而生畏

9月4日开训，教官们就言传身教地演示了一番：烈日下做长久定型，热沙上摸爬滚打，高温里正步、跑步，汗雨中练军体拳……这不是我们熟悉的生活，也不是我们愿意接受的，但我们却必须面对了，尽管——

不堪忍受

这下是动真格的了，无法逃避。痛苦从早晨开始：6点出操，饥困交迫；烈日下定型真的不好玩；汗流如雨也不能擦拭，阳光灼热也得坚持忍受。当我们的皮肤变得黝黑，当我们累得腰酸腿痛，我们真想呐喊——“不堪忍受”。然而，奇迹出现了，到了后期，我们居然能——

坦然面对

军训后期，我们从刻意适应到习以为常。我们也可以随地就座而不屑一顾，汗如雨下却不屑一擦。肉体折磨、精神空虚的无聊生活，我们也居然能接受。甚至，很感谢军训，它使得我很快走出了思乡的沼泽——累得、紧张得丝毫没有时间与精力想家了。所以说，我们能坦然面对的，已不仅是军训，而且包括了即将在我们面前展开的大学生活。当然，对军训还有一种——

引以为荣

阅兵的日子接近了，我们的水平是越来越高了。初时还一盘散沙，此时竟能两千人同一个步伐，同一声口号，惊天动地，好不神气。曾经令我们叹为观止的军体拳，此刻已丝毫不在话下，大家不仅动作熟练、一气呵成，而且还整齐划一。我们的皮肤如此健美，我们坐如钟、站如松、行如风的姿势是如此挺拔，我们自豪——我是一个兵。

亲切怀念

泰戈尔说：一切过去了的都将变成一种亲切的怀念。军训呢？更是如此。虽苦，但苦中有乐，乐中掺杂我们出生18年来未有的独特感受——当我们超越自我，我们就能体会到一种改造生命、征服世界的快感。

所以，怀念军训，怀念厦大，怀念我们的青春。

信封里的邮票

厦门大学1997级外文系　白雪峰

大约在1996年，远在西北一隅的我准备报考厦门大学外文系的研究生，需要购买一套往年的试题作为参考。一次偶然的机会，我在《中国翻译》杂志看到“韩素音青年翻译奖”的评委名单中，有厦门大学外文系巫维衔老师的名字，就决定试一试，给巫老师写信，向他求助。带着一些少不更事的纯真，我给巫老师写了一封很长的信，大概有好几页。信中除了表示自己想要在厦门大学求学的渴望，还附上现金恳请他帮忙购买往年的考研试题。

信件寄出很长一段时间，没有回音。当我不再期盼回信的时候，我忽然接到巫老师来信。信中解释了没有及时回信的原因。原来巫老师已经退休一段时间，而我并不知道，收信人地址写的仍是外文系，因此中间交接时被耽搁了。我至今还记得巫老师回信的行文笔迹：正体小字，不张扬，质朴而素雅。如果说字如其人，那么巫老师的字从一个侧面反映出他的性格和素养。

不久以后，我收到了巫老师寄来的往届试题。购买试题后剩余的几元找零，巫老师很贴心地换成等额的邮票，附在信中退还给我。巫维衔老师退休前的职位是外文系主任，学术专长是词典和翻译，编辑了《综合英语成语词典》《现代英语常用成语词典》《袖珍英汉双解词典》等并翻译了《上层的空位》《被遗忘的苦难——英国工业革命人文实录》等书，是厦大外文系词典和翻译领域的老一辈教授。以他的身份和年龄，能够向一位素昧平生、远在兰州的本科生施以援手，尽心尽责邮寄

复习资料，实在可贵。这件事看似简单，但更能充分体现出一个人的内在品质。

笔试通过，在厦大面试期间，我终于有机会拜访巫老师。至今，我还能回忆起和巫老师见面的场景。当时外文系白汉民老师恰巧也在巫老师家，巫老师热情地拿出瓜子等茶点，和我们一起聊天并询问我面试的情况。在厦大读研以及工作之后，我时常去巫老师家做客，巫老师常常会冲一杯可可粉给我。逐渐地，我也接触了巫老师友善的家人。

转眼20年一晃而过。听说巫老师有一次不慎摔倒，行动不方便，请了一个护工在家中照顾。后来因为年纪大了，巫老师逐渐意识不清。我去看他时，有时候巫老师会不记得我是谁，但是每一次都是一如既往的慈祥而和蔼的神情，聊天语气也还是那么地谦和。遗憾的是，巫老师去世时，我并不知道，因此没有去送最后一程。后来得知，巫老师是2016年2月14日离开的，这是一个很难忘记的日期。2020年的中元节，我终于有机会去海沧的石室禅院祭奠巫老师。去的那天，天气晴朗，举目四望，禅院周围山木葱郁，视野开阔，我祈祷巫老师能够在寺中安息。巫老师虽然已经去世，但是他的音容笑貌依然历历在目。每每心念他给予的帮助，我都很庆幸能在生命旅途中遇到这样一个贵人。

在厦大最难忘的一件事

——鱼骨拼图的故事

厦门大学1998级海洋系　于公尔

那一年凤凰花开，那一年天青海蓝。转眼间，离开厦大，离开海洋与环境学院已经快二十个年头了，走出去的沧桑，回不去的时光，我仍记得那时群贤的木棉、芙蓉湖的柳影、白城的落日和上弦场的月光。有时候想起那些年、那些人、那些事，还历历在目，不禁莞尔。

大四的时光，别人都在忙着考研、考托福、做毕业论文，而我很多时光是在足球场上度过的，那时充斥着各种或正规或业余的比赛，大到代表系队打校级联赛、代表班队踢海恋杯，小到宿舍之间或者球友约球时以“川菜杯”“西瓜杯”命名的各种民间赛事……那时每天的标配就是下午球场上一阵拼杀完，哥几个在南光食堂边上简单冲个凉，就裤衩凉拖地哧溜着出门到厦大一条街觅食了，一般都是“川菜第一家”的水煮鱼伺候，大家把酒言欢，大快朵颐，不醉不归。

对于球队的伙伴来说，水煮鱼就是一天最好的犒劳。一般我是特别反感整个球队聚餐的，主力加替补整整一桌人，往往鱼一上桌，鲜嫩的鱼片还没转一圈就已经没影了；等到转第二圈的时候，连里面的黄瓜和豆芽也没有了；酒过三巡后想起水煮鱼还没吃几口时，却发现夸张到连里面的油汤都被喝了个精光。我们虽是球场上的主力，却很难成为吃鱼的主力。在球场上你总能找到进球的机会，但在这里，一双双“野蛮”的筷子和一张张不停吧唧的嘴不会给你任何机会。

话说这天我和易达、汪霆三人又到“川菜第一家”坐下了。我们之

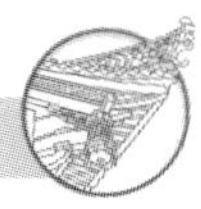

前刚拼了场硬仗，饥肠辘辘，于是点了份水煮鱼，到店家的鱼池里捞了条近四斤的草鱼，便坐等上菜。不一会鱼上来了，不由分说，每个人各自慰问肠胃。吃着吃着，我们发现鱼又没了，不过怎么想怎么不对，三个人吃四斤鱼不至于这么快吃完。毕竟都是海洋生物专业出身，我们马上想到各自归拢自己的鱼骨头，顺带还打捞起在锅里的鱼头、背鳍、尾鳍等，三个人一丝不苟，完完全全地在桌上排列出一副活脱脱的鱼骨拼图来，当年在系里学鱼类学解剖的时候都从没那么认真过。不过，无论我们怎么拼凑，也凑不齐一具完尸。于是，我们叫来老板娘，给她展示了下鱼骨缺失的部位，顺便摆事实讲道理，告诉她我们之前目测和现在实际的差别，还有就是没有看到腹鳍和臀鳍。老板娘尽管身经百战，却也从没见过眼前的一幕，被我们这群吃鱼吃出了科学素养的小伙伴给惊呆了，邻桌的也纷纷过来观摩敬酒，学我们样子开始油汤里的打捞工作，一时间热闹非凡。最后以老板娘菜钱打折收场。后来我在厦大鼓浪听涛BBS发帖提到此事，也是一时围观甚众。

再后来走出厦大，无论是和球队的小伙伴聚餐，还是吃水煮鱼的时候，我总要和大家分享这段经历。尽管最美的校园时光已经远去，尽管我们挥汗如雨的演武足球场现在已经不是当年的模样，尽管记载着我们欢乐的厦大一条街永远只能存在记忆中，但是与母校的故事却总是会浮现出来，那一张张模糊的面孔又会渐渐清晰起来，很多尘封的往事也还是大家多年后的谈资。那一年，我们从这里出发，各自去远方追寻梦想；那一年，我们离开了这片海洋，只留下蓝色回声。今日我以此文纪念一段共同走过的青春岁月，而母校厦大也因为记载了如此多的青春记忆而永远年轻。我们将伴随着你，永远热泪盈眶……

凤凰花开的友谊

厦门大学2000级数学系成人脱产班　陈淋城

厦园的“校花”——凤凰花，花开两季：一季绽放在学子别离，一季盛开于新生初遇。叶如飞凰之羽，花若丹凤之冠，让厦园“锦上添花”，路人惊鸿一瞥，惊艳于心。

“又到凤凰花朵开放的时候，想起某个好久不见老朋友……”林志炫深沉吟唱的《凤凰花开的路口》缭绕我耳际，如歌所言，我曾在厦园凤凰花火红怒放的路口，收获一段纯真的国际友谊，至今记忆犹新，仿佛昨日重现。

千禧年初秋，斜阳西坠时分，建南大会堂上的浑厚绵长的下课钟声笼罩厦园。群贤楼边上的三岔路口，我独自径直往西村走。

“你好，我可以请教你个问题吗？”

倏然迎面有人与我搭讪，我暂缓脚步，遁声望去，一气质极佳的男生正看着我。

“当然可以！”我生性热忱随和，报以微笑回应。

“我是韩国留学生，名叫林丈柏，请问，你最景仰的人是谁呢？”这老外真不见外，中文水平也不错！

“我叫淋城，总理周恩来和校主陈嘉庚都是我所敬佩的人。”

“周恩来是你们中国的好总理，我可以理解。校主是什么意思？他有什么让你敬仰的地方呢？”林丈柏接着问。

“校主，就是学校的开创者，陈校主‘卖大厦建厦大’的壮举被传为佳话，前边群贤楼广场，面向大海矗立的塑像刻画的正是他老人家！”

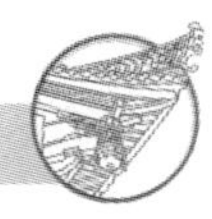

我和他一来二去便熟稔开来，中韩是近邻，相同肤色更拉近我们心的距离，我们像久别重逢的老友，并肩漫步畅谈，从芙蓉湖畔漫步到上弦场，再到白城海滩，直至夜色拉下帷幕，方依依惜别。

空暇之余，我常尽地主之谊，邀请林丈柏品尝闽南特色的牡蛎煎、沙茶面等。林丈柏也礼尚往来地邀约我在大学路上尝试韩国特色的石锅饭、泡菜等。

林丈柏常给我讲述留学生班见闻，在他的讲述中，一群来自五洲四海、肤色不同的同学，因仰慕中华文化齐聚鹭岛厦园，由此建立其乐融融的同窗之谊。

“上课好比是小联合国大会，趣味无穷。”这与众不同的独特经历让他永生难忘。

林丈柏同我探讨厦园的趣闻：芙蓉楼入住男生，而石井楼辟为女生宿舍。中文教授曾讲过，用“出水芙蓉”形容天然美女，让人难免对号入座以为，厦园的芙蓉楼会是女生的“闺房”。

我答疑道：“芙蓉楼的主要出资人李光前来自芙蓉乡，故以家乡命名为芙蓉楼。他和校主是婿翁关系。”

厦大人所见略同，林丈柏无比喜欢依山傍海、风景绝佳的“南强”，几次三番说“不枉此生厦园行、不辞长作厦大人”。尤为欣赏磅礴壮丽、中西合璧的上弦场和建南建筑，像琼楼玉宇，似蓬莱仙境。

“这是校主倾注心血的大手笔，这一带，古时是郑成功练兵的演武场，以武耀国威，他是真正的民族英雄！现今是陈嘉庚修建的上弦场！以文振中华，他不愧为民族光辉。这是一片饱含故事的热土……。”

我们时常结伴在上弦场晨练、阅读，交流国际形势，比较中韩文化，畅谈厦园生活。一望无垠的浩瀚大海呈现眼前，让人倍感豁达舒畅，无关四季变迁。我不自觉地吟唱海子的诗《面朝大海，春暖花开》：“从明天起，做一个幸福的人……”

林丈柏神往巴黎圣母院，敬佩《巴黎圣母院》里真善美的敲钟人。而厦园年复一年保持敲钟的传统，钟鸣声、读书声、海浪声相伴入耳，给予厦园浪漫情愫和仪式感，愈加震撼心灵。

钟，厦园之重器，无不彰显着象牙塔般美好。“据说先前要置换为电子钟，在老前辈的坚持下，才将人工敲钟长久保留，让回家的厦大人有归属感。”我将所知的旧事如实告知。

“这简直太好了，我期望将来回到这里，还能听见熟悉的钟声！”林丈柏憧憬着未来返校的那一刻。

未来已来，厦大新百年！群贤毕至南强，校友少长咸集。在百年华诞喜庆之际，凤凰花下，芙蓉湖旁，与君相约南强，见证美好！

一个难忘的包裹

厦门大学2003级新闻系　赵丽君

对我来说，在厦大的美好回忆，真是太多了。这次我想用最简朴的语言，讲一讲关于我导师的一件事，一件让我永生难忘的包裹的事。

2006年春节过后，返校前夕，久病的父亲突然病情加重再次入院，随后进入昏迷状态。虽然毕业在即，论文头绪未清，但我更害怕“子欲养而亲不待”的悲哀，所以我给导师黄老师打电话，表示希望能床前尽孝，推迟回校，并做了推迟毕业的准备。

恩师黄星民教授深厚的学术造诣，严谨的治学风格，忘我的工作精神，广为人知。他曾多次累倒在办公室，更有一次，他在办公室为学院申请学科博士点工作至凌晨，昏倒在了自己的办公室，幸被上班的老师发现才得以及时送到医院。

我知道，这样的老师，对学生的要求是很严格的。推迟毕业，对于一个严师来说可能有点为难，毕竟在我之前，他尚无推迟毕业的学生。没想到，电话那端，黄老师沉默了一会儿，说：“那你好好照顾父亲，有什么困难，随时打电话给我。”

此后有一天，黄老师打电话询问我父亲的病情，我告诉他，父亲的病情暂时稳定些了。于是，黄老师说：“那这样，我这儿有几本书，与你论文相关，你给我一个邮寄地址，我给你寄过来。”我正想着我在家也可以购买，黄老师又说：“都是外文书，我从国外带来的。你的论文需要外文参考书目，会用到的。”就这样，我给黄老师发了一个地址。

几天后，包裹就到了。因为和妈妈同时或轮流在医院照看父亲，

收件后的大部分时间，我仍然在医院，一直没有来得及将家中的包裹拆开。父亲病情的反复让我无比忧心，收到包裹也忘了告知老师一声。

又过了好多天，我接到黄老师的来电，听到他的声音有些迟疑，我猛然想起自己还没有告诉他收到书籍一事。于是，我赶忙跟黄老师说："黄老师，包裹我收到了，谢谢您！"为了让导师安心，我又说道："老师，书本我正看着呐！"老师迟疑了一会儿说："好，好，没丢就好。"然后，老师又询问我父亲的情况，我一一相告。

过了几天，父亲的病情稳定了一些，我稍稍松了一口气，才有空闲打开包裹。这是一个用布袋精心包装的包裹，包裹单上黄老师的字矫健飘逸。我小心拆开，取出里面的书本，一共是四本外文书。我取出其中一本，翻开第一页，赫然看到有500元钱，我心中一惊，立马取出剩下的三本翻开，每一本里面，都夹了500元，一共是2000元。

2000元，在2006年，真不是一个小数目。我记得2006年7月我刚工作的第一个月，工资不到2000元。

我坐在父亲病床一侧，有好长一会儿，不知道该如何回复老师。我情不自禁地哭了，但心中又感觉特别温暖。父亲和母亲同样感动不已。随后，我给黄老师打了电话，但是除了说声"谢谢老师"，我不知道还能说些什么来表达我的感激，反倒是老师不停地安慰我说："好了！好了！好好照顾你的父亲，有空也看看书。"

又过了一段时间，待爸爸病情稳定，妈妈能独自照顾父亲时，他们就催促我返校。我带上老师的这个包裹，回到学校。在黄老师办公室，我感谢他在我最伤心无助的时候给我带来的温暖，并准备将钱还给黄老师，黄老师却一再推辞。最后，我告诉黄老师，这么多钱我一定不能收，书籍我收下，那些外文书，本来已经价值不菲，而他邮寄给我的包裹外包装和包裹单，我会一生留存。

此后，工作、搬家、搬家，再搬家，我都一直带着黄老师邮寄给我的这个包裹外包装。虽然后面一路走来，仍然遇到很多的困难，但这个包裹单一直温暖着我，让我无畏无惧，勇往直前。

凤凰花下的巾帼情怀

厦门大学2007级临床医学系　谢惠敏

还记得2007年的炎炎烈日下，我背上行囊兴高采烈地步入美丽的漳校（厦门大学漳州校区），仿佛走路都能生风，仿佛所有的人都对我投来羡慕的目光，仿佛我是这校园中的传奇……是的，我就是厦大第一个女国防生！

初来乍到，我并不清楚“国防生”的意义，我只是单纯地以为我可以像《红十字方队》里的肖虹一样，成为一名救死扶伤的女军医！但是，第一次的军训就将我的幻想打破，将我从美好的军校生活梦境中拉回了现实！虽然九月已经入秋，但漳州仍然艳阳高照，气温不减。军训每天的军姿训练就将我晒得晕头转向，凤凰花开得那么耀眼，在偶尔的微风下轻轻摆动叶子，仿佛想将枝叶伸长一点为我们遮风挡阳。但是，由于国防生的特殊身份，教官会要求我们在别人休息的时候仍然保持军姿训练，在别人放松的时候加强训练。当时，我听到最多的一句话就是“咦，国防生怎么也有女生？”，然后还有一句——“真是可怜！”……每每此时，我的心情变得五味杂陈：心酸，委屈，倔强，不服！军训最后一天的拉练是最黑暗的日子，当时我们被安排了10公里的拉练。由于是女生，我被安排在队伍的最后面，背上背包水壶，几乎是跑着完成了全程！在拉练之前，尽管我已经鼓足了勇气，也做好了充分的准备，但当体力消耗殆尽时，我依然想要打退堂鼓。第一次，双足底起了两个巨大的水泡，让我每一步都如行于刀尖；第一次，我感受了什么叫作天旋地转的头晕。但是，出乎意料地，所有的队友都对我无比照顾及宽容，他们鼓励我“继续

迈开步伐”，表扬我的“巾帼之志”，帮我背包，为我加水，告诉我“挑破水泡也能继续前行的秘诀”，传授我“用皮带拉人的正确方法”，并且在我掉队的时候，毅然决然地选择全班留下等我，并陪我跑完最后1公里。站在沿路的山顶上，我放声呐喊：“我是一名人民军医啦！”山谷的回音重新燃起了我和队友们的斗志，顿时，我们仿佛置身于战场之上，冲吧，白衣天使，冲吧，勇敢的军人！我们要克服一切困难，勇往直前！当我们一起跨过了终点线时，教官集体向我们行了一个标准的军礼，我们也回了此生第一个也是最庄严的一个军礼！我第一次感受到国防生这个集体的力量，第一次打破自己心中的魔障，坚持完成拉练，也第一次重新正视了自己和我可爱的战友们，第一次有了和他们并肩打拼未来的想法。

巾帼不让须眉，这是我最常用来激励自己的话。生得娇媚不如性格刚强！我再也不把自己当作弱女子，在心中，我希望做到比所有男国防生都强。后来的军训，我们还去了很多不同的军营，感受了不同地方的军营生活，也认识了很多不同的教官朋友。其中有历练，有感动，有艰难，也有轻松，但是却再也没有哪次军训，如同这第一次拉练那么让我印象深刻。人生若只如初见，与国防生这个团体相遇，我最初是那么地不满与迟疑，却在最后收获了满满的战友情和亲情。我想，如果再让我选择一次，我依然会选择在我人生中最美好的时光与厦大相遇，与医学相遇，与国防生相遇。虽然国防生这个词已经成为历史，但它已经跟随我的血液流淌了很久，就像凤凰花于我的回忆一样，不可磨灭。

此生最难忘厦大，最难忘我曾经巾帼不让须眉的国防情怀。

一面之交　两岸乡愁

——怀念诗人余光中

厦门大学2013级中文系　和富弥生

“乡愁是一枚小小的邮票，我在这头，母亲在那头。”这是余光中的诗。得知他去世的消息，心里一阵难过，虽然知道人总要离世，虽然知道他老人家活了89岁。他带走了他的乡愁，留下了那张邮票、那张船票，让我们在岁末的寒风里寂寞无语。

一个人写诗，是因为他的内心感情美好而丰满，满到溢出来才舒畅，溢出来的美好也让别人快乐才对。

2014年的10月，在厦门大学，我以中文系学生的身份，参加了世界华人女作家协会的双年会。那一年的春天，我刚刚成为厦门大学中文系林丹娅教授的学生。林丹娅老师是厦门大学教授、中国语言文学研究所所长，又是福建省作家协会副主席，厦门市作协主席。

那次的会议上，世界各地的华文女作家与国内的学者欢聚一堂，开幕式时，我已经很开心，见到大陆朦胧诗的“女神”舒婷，还一起在校园里合影，会中又特别近距离地听了余光中的主题发言。

开始时，他泛泛地讲了15分钟，讲了什么内容已经记不清……但主题发言之后是与女作家们自由交流时间，我悄悄地与坐在身边的林祁嘀咕：“真不知他老人家这么大年纪，写诗的激情是从哪里出来的？诗歌真的跟年龄没有关系？”林祁听我嘀咕，就一脸笑意，认真地说：“想知道你就问啊！”一边说一边还用胳膊肘使劲捅我……

我多少年不曾面对如此宏大的场面，主席台上不仅坐着余光中和

席慕蓉，也坐着中国妇女写作协会理事长陈若曦以及福建和厦门当地的知名作家，很多都是年少时仰慕的对象，会场里还有更多不熟悉的国内的专家和学者在座……

我离开诗歌10多年，面对生活的压力和烦恼，无处寻找诗的心情和意境……此时面对诗神，他的严肃和白发让我产生了畏惧……也是对诗的畏惧。我真的胆怯，但也真的很想知道台上白发飘飘的如同父亲一般的老诗人，他的诗情，他的庄严，他的深沉，他的忧郁都来自哪里，他的诗歌是如何写出来的……

犹豫间我举起了手，然后我站起来，面对诗歌前辈，鼓起勇气："都说诗歌是属于年轻人的，您对这个问题怎么认为？您现在又是怎样进行诗歌创作的？"

我的问题来自我的内心，因为我的内心深处好像突然被什么东西搅动，我想知道自己在被碰撞得伤痕累累的心里，是否还能重新焕发出诗的新苗……在经过了生活的历练和磨难之后，我是否还具备诗人必须要有的那些雅致、悠闲、宽容、敏感、多情、细心、沉静、爱情、大度、淡定、悲天悯人、哀物怜雨等素质，还有，为什么写诗，写诗又为了什么？

我说出来的不多，我在站起来的瞬间，心口就像被什么堵住，在厦门大学的校园里感觉得到的很多气息，已经让我逐渐地变回成那个文学少女，而能面对余光中，我真的仿佛回到听父亲朗诵诗歌的岁月，心里生出无限感慨。

听到我的提问，余光中一下子有些激动，他目光炯炯地在人群中寻找到我，开口就批评："这个女生一定是不读书不看报，我两个月前刚刚出版了一本新书你没有看到吗？你的问题的意思其实是：写诗是你们年轻人的事，你这个老头子这么老了还怎么写诗？"

天哪！我惹他生气了……我吓了一跳，一瞬间，我不知道该怎么接话，我既无法辩解我不居住在国内，他的诗集我买不到也无法马上读到，

我也无法否认他所说的“老”的含义也多少在我的问题里存在……

他站起来，瘦削的身躯像一个即将出征的战士，从喉咙里发出的声音铿锵有力，尽管是徐徐道来，我却感觉每一个字都充满了不服和生气……

我被他的生气吓着了的同时，也充满了歉疚和不安，我想说：对不起，我真的没有那么多意思在里面，我只是想知道生命已经不太年轻的时候，真的可以保留下来一颗浪漫而美丽的诗心吗？

他开始具体地讲述自己的诗歌创作，比如在路上，比如去看牙医，比如喝茶，等等，与主题发言时的样子完全不同，他被我刺激到用他自己追求奋斗了一生的诗语，向我开炮了。

40分钟的激动讲演，对于一位86岁的老人来说，需要多大的气力，我从他的一字一句里，感觉到一个生命的燃烧被挑战时是怎样地无畏无惧。

我无法再说任何话，我为自己感到羞愧。

在老先生话告一段落的时候，坐在第一排的丹娅老师站起来替我解释：“弥生问的问题不仅是她自己的问题，也是国内很多诗人都存在的一个问题，诗人到了某一个年龄段，就遇到了瓶颈，没有激情，找不到诗意，就只好转写散文，很多人都是如此……”

美丽而善解人意的丹娅老师啊，成为你的学生该是多么地幸运！

会间休息时，我遇到了和蔼可亲的席慕蓉，她一眼就认出来我是那个“问题女生”，用她宽厚的怀抱拥抱着我，并安慰我说，别歉疚，大家都应该感谢你，因为你的“问题”，我们才能听到他长达40分钟的精彩讲演啊……

那一天，厦大的校园里都是绿色，到处充满了诗意，晚上余光中和席慕蓉的诗歌讲座，挤满了大会堂，盛况空前。

从厦门回来，我经常想起那个画面，经常会在梦里出现他老人家

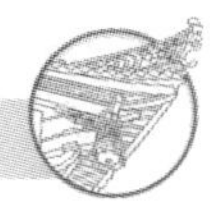

炯炯的目光，我不敢怠慢，不敢找任何借口，我在东京的天空下寻找着我自己，寻找着属于诗的湿润和感觉，我知道，余光中先生是一面诗的旗帜，在他那里，整个人生都与诗有关，你没有任何理由粗糙。

您离开了，原来想给您看的《之间的心》，再也没有可能了，因而充满了悲伤和孤寂。

您的乡愁，留下来，在冬日异国的夜里，变成了冰冷的泪滴。

（本文选自厦门大学校友总会网站“群贤文苑”栏目，收录时有删改。）

回忆张望老师

厦门大学2014级英语系　李艾泽

如果问我在厦大四年最难忘的老师是谁，那答案一定是张望老师。

张望老师是我们英语系的教授，我曾选修了他的“西方文明史”和“西方现代戏剧”。其课堂是典型的讲座式课堂，以教师讲授为主，学生互动少。一般这种传统的教学都会比较乏味，然而老师的课堂稍有不同。他会不时用夸张或有趣的表情、动作、段子和即兴模仿来逗乐听众，下一秒则又回归平常。印象中有一次讲作业要求，基于一些同学想混字数过关，他便斜着脑袋一脸坏笑地看着我们说：“两千字的小作文还需要摘要和介绍？那也太heartless了。听出我口气里的鄙夷了吧？哭闹是没有用的。”我有时会想，另一个世界的张望老师应该会是一个知名的脱口秀艺人或相声艺术家。

我十分喜欢老师身上这种戏谑和幽默，更欣赏他能在戏谑与严肃中找到应有的平衡。在一些严肃话题上，你可以从他的眼神中读出认真。这时便要提到老师教学的另一特点，那便是通过抛出一些简洁且有代表性的观点来促发大家思考，比如，“恐怖主义是一种手段而非结果，他们要达到的是一种战略效果”“戏剧是社会建构最重要的支柱之一。不要小看演员，哪怕他演技差，只要他红，他的宣教意义重大。”

这些观点时常会与人们的常识有所出入，会引发讨论，有一些连老师自己也未想通或接受。但大学嘛，不就应该这样吗？接触具有代表性的不同观点，在思考与讨论中获得新知与启示。

写到这里，似乎老师的课堂带给我的回忆应该都是欢乐与思考。但

不知怎的，我印象最深的却是一堂让我很“感伤”的课。那堂课老师讨论了“戏剧真实”的问题。记得他说：“舞台给予不真实的幻想（生活中没有的东西）以真实感，与舞台相比生活却显得荒诞。现实中的人每一刻都在变。生活本身如梦似幻，你真知道自己是谁吗？”那一刻我好像被击中了，没有什么顿悟，只是觉得难受。他还说道：“你知道自己有一天会老会死，但潜意识里你并不认为如此。你无法想象。”说到这，老师讲起了自己一位朋友的离去。故事很简单，就是一场突如其来的车祸夺去了一个不久前还与老师谈论未来的年轻生命。

我始终无法忘记当时的场景。老师用很平静的语言讲述，讲完后停顿了些许，眼睛望向远方，就好像愣住了一样。就是这么一件简单寻常的故事，民生新闻上天天见。现在可能连他自己都忘了，可我却记下了。

这是一种说不清的感受，就好像这节课与人生产生了连接，让我隐隐约约感受到自己或许产生了某种变化，对生命多了几分敬畏与感激。这样的课堂，人一辈子大概也遇不上几次。

毕业前，老师曾请我与另一位同学喝酒。记得我们聊了世界杯、远去的朋友和酒醉的经历；聊到了曾经的遗憾、过时的情绪与即刻的感受；聊到了与平凡生活相关的一切。我们从晚上八点半聊到第二天凌晨，然后各自尽兴归去。老师最近在美国做访问学者，看他在大洋彼岸发的微信朋友圈动态仍时常能会心一笑。我有时会想象下一次与他的见面会是什么样子，希望那时候的酒由我来请。

我和厦大的文艺范儿

——厦门大学原创音乐话剧《我的青春我的团》创作演出纪实

厦门大学2018级日语系　吴王治

“艺术给我们插上翅膀，把我们带到很远很远的地方。”

初读契诃夫这句话时，年幼的我不曾想过，十多年后，我也会在我的青春中写下自己的旋律——会谱下鹭岛晚风、鼓浪清波，也会试着用艺术去勾勒厦园无数青年人的胸怀，去探问同处在这样的新纪元中的一代人所追所求的诗与远方。

记得那是2019年的4月，我大一的下学期，和大部分刚进入大学的同学一样，我正在为未来焦虑烦恼着。无意间，我在微信朋友圈看到了由校团委出品、以厦门大学学生支教团真实故事改编的原创音乐话剧《我的青春我的团》在招募演员。

《我的青春我的团》剧组成员合影

刚开始我没有什么特别的想法，只希望让自己从繁忙的学业中抽离，换个方式度过我的校园生活。但未曾想到，这部话剧，让我真正对话剧有了初步的了解；让我收获了一段难以忘怀的校园经历；也让我通过演绎剧中主人公的角色，体味到了“艺术源于生活又高于生活”的撼动人心之美。

初入剧组时被选为男一号纯属阴差阳错，我对男一号的人物角色认识十分薄浅，只知道他是厦门大学公共事务学院的一名团支部书记，一个十分脸谱化的“红专正”形象。

这样的粗浅认识让我很快吃了苦头，在我们正式排练的第一天，老师叫我上台即兴表演出发前招募支教团成员的那一幕。对于零表演经验的我来说，这是第一次在专业老师面前表演。剧本尚未定稿，根据脑海中的脸谱化角色印象，我的动作和语言都那样僵硬而没有生气。

老师在台下冲我喊：“要放开，要放开！舞台剧动作那么小，没人看得见！”那时候剧组所有同学都在盯着我看，我涨红了脸，心里想着绝对不能掉链子，我可是男一号啊！但万事开头难，我愈演愈错，大把大把的时间都在调整中过去了。

我们的导演是厦门大学艺术学院舞蹈教研室主任李鑫老师，艺术指导是来自北京舞蹈学院的易宏宇老师和薛松老师，老师们显然看出了我的局促。“想想看主人公要怎么做！”他们对我喊道。于是我在慌乱之中试着平复心情，试着把自己代入剧中主人公“陈远航”所面临的情景里。“我要招队员，我要让大家注意到我，我的话要有吸引力，我的表情和动作也要有吸引力。“陈远航”是个热血方刚的青年人，有踌躇满志的狂妄，但也有担心做不好事情的慌张和担忧，我的表演应该是有这样的张力的。”

这样想着，我逐渐冷静下来，想象自己进入一个脱离于现实场景的地方，没有台下老师和同学的围观，我旁若无人地开始表演，自己“创

造”的台词脱口而出。我一表演完，回过神来，台下的同学们已经鼓起了掌，老师也对我说：“这次不错，有感觉了，比昨天好多了。”

创作和排练的过程是十分辛苦的，这部话剧作为纪念五四运动100周年的献礼，在建南大会堂的首演时间定在了5月5号，留给我们的时间只有20多天。白天我们都有自己的专业课，晚上我们要从九点一直排练到凌晨一两点，在这20多天里，我们要完成剧本创作、音乐改编和抠戏等工作，经常是导演和编剧熬夜到第二天早上五六点创作出来的剧本，我们晚上就开始背词、排练，如果实际效果不好，我们还得再改、再排。

作为男主角，我的台词是最多、最难记的，而且直到演出前三天，我的台词还在不断地修改，我只能服从导演的要求，一遍一遍地过着台词。演过话剧的朋友们都知道，背下了台词不等于在台上能够熟练准确地说出台词。为了熟悉每天都不一样的台词，我想尽一切办法练习，前往教室的路上，我嘴里不停念叨着台词；课间找个没有人的地方，我一边揣摩着人物动作，一边说着台词。正所谓“行也台词，坐也台词”。

20多天，每天都是如此，为了共同的目标，为了完成团委的重托，为了献礼五四运动100周年，不管是导演，还是演员，我们都选择坚持到底。

一个团队在疲惫中的坚持似乎在戏里戏外都重叠在了一起。

戏外，我和剧组的同学从各个学院的陌生人变成了志同道合的好友，戏里的悲欢喜乐，戏外的嬉笑争吵，都让一个个角色、一个个同学的形象鲜活起来、亲切起来。我们经常一起嬉笑着穿过凌晨两三点空无一人的校园返回宿舍。疲惫和困意会在身边的同伴笑闹着揽过我的肩时一扫而空。这时我会想起戏里的台词，那些不同情景下的温暖会透过剧本和此时同伴们的嬉闹声扣动我的心弦。我不禁想象，我们的学长，真实的“陈远航”同学，是不是也是这样，带领着团支部的成员前往贵州山

区支教的过程中，经历过争吵、迷茫、体谅以及理解之后，又互相拥抱，喜极而泣呢？

我一遍又一遍揣摩着我的角色：一名当代大学生、共青团员、团支部书记，他是抱着什么样的心情加入中国共青团，抱着什么样的态度去担任团支部书记；是有着怎样的决心带领团支部成员跋山涉水，“翻过两座高山，两条大河，乘坐火车、大巴、牛车”前往贵州山区支教呢；又是怎么样成功化解支教团成员的矛盾呢？直到现在，我也没有完全想清楚，但我唯一知道的是，普通和伟大体现在同一个人身上并不矛盾，“陈远航”是这样的人，千千万万的共青团员也是这样的人。

理解一个人的过程是那样漫长而又艰难，但读懂一个角色的内心世界却又那样令人神往。我在惊讶于人与人之间的不同时，望见同样的爱与善意，也逐渐学着将心比心，更加包容多样与不同。

高尔基说“文学即人学”，其实世上的所有艺术都大抵如此，我们在争吵后拥抱谅解，在复杂中看到纯粹。

“我志愿加入中国共产党，拥护党的纲领，遵守党的章程，履行党员义务……”这是2019年5月5日《我的青春我的团》在厦门大学建南大会堂首演的最后一幕。

我永远不会忘记那一天，我也永远不会忘记那一幕。

在念完最后一句台词的时候，脑袋终于有余地思考的时候，我突然意识到，我做到了。

舞台上的我，再没有紧张，再没有刻意的表演，我感觉我所有的台词、所有的动作，真真正正地内化成了我自己的想法和行动。

戏中的“陈远航”和团支部的同学们克服重重困难，给贵州山区的孩子们带去知识，带去爱和希望；而戏外的我，则在学着用语言、动作去诠释新一代青年人的担当，用艺术去传递爱与希望。

在那时我才逐渐意识到，“共青团员”是个如此庄重的称谓。我还

记得,演出结束之后,大家一起收拾道具。我看到有一个同学把共青团团旗揉成一团,直接塞进了箱子里,我下意识喊“不能这样!”,然后立马冲上前去,一边嘟囔着“应该要这样……”,一边认真仔细地叠好团旗,把它整整齐齐地塞进了箱子里。易宏宇老师对我笑道:“不错啊,思想觉悟很高啊!”我恍惚不知戏里戏外,只茫然想:以前的我,可是不会这样的啊!

从以前那个焦虑迷茫的大学生,到找到自己人生方向的当代青年;从思想政治觉悟不高,到真正体会到作为一名中国共青团员的意义;从不懂得理解他人,到设身处地为他人着想。《我的青春我的团》的演出虽然结束了,但是它带给我的东西,将会成为我一生最珍贵的宝物。

后　记

“学海何洋洋！谁欤操钥发其藏？”“人生何茫茫！谁欤普渡驾慈航？”虽光阴如梭，逝者如斯，但在厦园学习、生活的每个厦大人，都有着心中最难忘的故事。

正值百年之期，为了更好地回顾百年办学历史，弘扬百年厦大精神，献礼母校百年校庆，我们发起“在厦大最难忘的一件事”征文活动，希望厦大学子们追叙心中的难忘回忆，回首母校的百年春秋，检阅母校的百年实绩，再现南强学子与母校的珍贵情缘，传播天南地北厦大人的感恩情怀。

自2019年10月发起“在厦大最难忘的一件事”征文活动，我们收到来自全球各地校友以及在校师生的众多回忆文章。作者们或年事已高，或工作繁忙，或稚嫩青涩，他们带着对母校的感恩之情，带着对在校生活的怀念之意，向广大读者呈现出最为真实、可感的厦大记忆。其中，很大一部分文章注重回忆学生时代的诸多经历和情感，并未局限于“一件事”，这在“在厦大最难忘的一件事”的主题下似乎显得不够切题。鉴于这些文章有的质量不错，饱含校友对母校的情谊，我们决定将其保留。为避免出现“文不对题”的情况，我们考虑将书名的指涉范围扩大，采用“难忘厦大”作为书名，组织编辑出版。

此次入选的文章以截稿时间为限，在保证文章质量的前提下进行选取，编排顺序以作者入校时间先后排列。书中仍有不少遗憾之处，还希望作者们见谅。我们还准备在《厦门大学报》以及学校官方网站、微

信、微博等媒体上发布来稿文章，欢迎校友们继续为我们提供稿件。

感谢校友总会秘书处承担征稿、审稿等工作的杨颖、陈玲、郑辉、陈瑶华、张闻博、高春红、尤程儒、邓坤宜、洪晓翔、曹璐、陈丽丹、金鹏等同志。正是有他们不懈的辛勤付出，这本书才能高质量地与读者见面。

这本书是我校弘扬爱校之风的延续，是百年校庆的重要一环。或许那段最美的校园时光已经远去，但记忆中的故事却从未沉寂。我们相信，这一页页的浓情笔墨，定会将厦门大学更多鲜为人知的珍贵记忆呈现于世人面前；这字里行间渗透的深厚情谊，必将激励所有的厦大人奋发前进。这一切最终也将汇入记忆的星空，越过无垠的时间之海，随着厦门大学百年校庆一起被载入史册！

本书编委会

2021年6月